居場所づくりにいま必要なこと

子ども・若者の生きづらさに寄りそう

編著 柳下 換／高橋寛人

著 鈴木 健／尾崎万里奈／西野博之／石井淳一

明石書店

はじめに

本書の目的

私たちは何を担い、何を目指して「居場所」づくりをすすめていくべきなのでしょうか。この本では、子ども・若者の「居場所」はどうあるべきか、どうつくるか、「居場所」の子ども・若者にどのように対応するのがよいかを考えます。

近年、子ども・若者の「居場所」に関する講演会・研究会が様々に開催されています。その多くは、それぞれの「居場所」の具体的な活動内容と子どもたちの変容を紹介して、「居場所」の意義と効果や有益なノウハウを共有するものです。本書では、さらに、共生とは何か、学びの本質、時代の変化、スタッフの姿勢、社会との関わりなどの観点もふまえて、「居場所」を原理的に考察しようと試みました。

また、横浜市内には、子ども・若者の「居場所」がたくさんつくられています。毎年2月に「横浜・子ども青少年に関わる活動関係者の大交流会」が開かれ、100人以上が集まって交流しています。本書編著者の2人とも交流会の世話人や応援団をつとめています。

横浜市立大学では、10年ほど前から、大学を主な会場として、子ども・若者の居場所に関する研究交流会を開き始めました。実際に子どもや若者に関わる活動をしている方々を招いて話をしてもらうものです。メンバーなどは決まっていません。ｆａｃｅｂｏｏｋで告知すると、関係者がシェアしてくれて、その都度希望者が参加するという緩やかな会合です。

「横浜・子ども青少年に関わる活動関係者の大交流会」や「子ども・若者の居場所研究会」での経験やネットワークを元に、２０１９年2月に大学の市民講座を企画しました。「いま、子ども・若者の居場所をどうつくるか?」という全体テーマのもと、連続5回の講座を公益財団法人よこはまユースと共催で、横浜市青少年育成センターの研修室を会場に開催しました。参加者を20名に限定し、講演後の討論でほぼ全員に発言してもらいました。講座の全体的な企画は本書編著者の柳下換と高橋寛人、そして、共催の公益財団法人よこはまユースの富岡克之さんの3名で考えましたが、講師の人選をはじめ具体的な内容は、柳下換がプランニングしました。本書は、この市民講座の内容をもとに作成しました。各回の講師の話が第1部の各章に収められています。ここで、その内容を簡単に紹介しておきましょう。

第1回の講師は鈴木健さんで、「共に生きる（共生）とは?」というテーマです。在日コリアンと日本人が共同で、民族差別をなくす市民運動から生まれた青丘社という団体があります。鈴木健さんは、青丘社が運営する川崎市ふれあい館の職員です。様々な立場の子どもや若者たちと過ごす実践を通して培われる共生のあり方や、「居場所」の活動から見えてきた、子ども・若者に対する支援の形などについてうかがいます。

第2回は、高校内居場所カフェと高校生たちの姿から、「学校内居場所の意味とは?」と題して、「居場所」カフェが担う役割を考えます。講師は、横浜市内の定時制高校のカフェの運営に携わっている公益財団法人よこはまユース職員の尾崎万里奈さんです。

　第3回は、「もう一つの学び」というテーマで、西野博之さんに、川崎市子ども夢パークやフリースペースえん等での活動を語ってもらいました。「居場所」の中で育まれてきた「学び」の話から、「学び」と「居場所」の関係を考えます。

　第4回のテーマは「子ども・若者とどうつきあうか？」です。簡易宿泊所（ドヤ）が立ち並ぶ、ことぶき地区の横浜市寿生活館で、「ことぶき学童保育」を中心として長く活動を続けている石井淳一さんに、時代による子ども・若者の変化と子どもたちとのつきあい方を語ってもらい、「支援」のあり方を考察します。

　そして、第5回は、本書編著者の柳下換による講座のまとめです。「居場所をどうつくるか？――これからの社会との関わりから考える」というテーマで、第4回までの対話の積み重ねを踏まえて、私たちは何を担い、何を目指して「居場所」作りをすすめていくべきなのか考えます。90年代後半以降の、日本社会における構造的な変化との関わりも検討します。

　第1回から5回の講座の内容を第1部に収録しました。そして、「はじめに」と序章は高橋が、第2部と終章を柳下が執筆しました。

前回の市民講座

　実は、子ども・若者の「居場所」に関する市民講座は9年前の2010年秋にも開きました。講師には、30年以上前から、子どもたちに寄り添い、ともに悩み考え、子どもたちの学ぶ権利や場を確保するための活動を続けてきた人たちを招きました。今回（２０１９年）の講座で講師をつとめた石井淳一さんと西野博之さんには、この時にも話をしてもらいました。それぞれのテーマは、「社会との関係の中で育つ子どもたち」「地域が持つ包摂力によって支えられる子育て」です。

ほかに、ＮＰＯ法人文化学習協同ネットワーク代表理事の佐藤洋作さんに、「市民による協同の力で支える子どもたちの学習権」と題して、生きること・学習することの困難さを抱えた子どもたちに対する支援のしかたについて話してもらいました。また、ＮＰＯ法人東京シューレ理事長の奥地圭子さんには、「子どもと共に考え、親と子の共同の力で作りだした学びの場」というテーマで、子どもたちの学びの場を親の立場から作ってきた経験を語っていただきました。そして、「『教育』のオルタナティブとしての『学び』再帰運動の意味」で、柳下換が自ら立ち上げた「鎌倉・風の学園」での経験をもとに論じました。

その内容は、柳下換・高橋寛人編著『居場所づくりの原動力――子ども・若者と生きる、つくる、考える』（松籟社、２０１１年）にまとめました。講座のポイントは、「居場所」スタッフが子どもたちとの対話の中で自己変革した点にあります。これについては、本書でも改めて展開されます。

前回の講座からこれまでの10年近くの間に、日本社会の貧困化がさらに進行しました。子ども・若者支援のために、新たに子ども食堂、生活困窮者自立支援法に基づく学習支援、高校内「居場所」カフェなどが誕生しました。これらは、福祉的支援の色彩を持つ「居場所」です。従来の「居場所」とどこが共通で、どう異なるのでしょうか。

この本の編著者について

ここで、本書の編著者について紹介します。2人のうちの一人は柳下換です。

柳下換は、1984年に「鎌倉地域教育センター」をつくって、子どもたちの学習支援を始めました。「湘南・風のフォーラム」等を経て、1996年には、「鎌倉・風の学園」を創設します。2009年からは、横浜市立大学非常勤講師もつとめています。

柳下の実践は、不登校の子どもだけを対象にしたものではありません。人間にとって、本来、「学び」は楽しいものだったはずなのに、現在の学校教育等では、本当の学びの機会が少なくなってしまったために、その多くの場所が子どもたちにとって、居心地の悪いつらい場所になってしまっているのではないかと考えました。そこで、子どもたちに真の「学び」を経験させるために、「鎌倉地域教育センター」／「鎌倉・風の学園」をつくりました。ここで学んだ子どもたちは、いわゆる学校の成績が良くなります。けれども、そこでは、成績を良くするためだけに本当の学びをさせるわけではありません。だれでもみな、本当の学びが大好きです。不登校児童・生徒のためにセンターや学園をつくったわけではありませんが、不登校の子どもたちにとっても楽しい学びの場となり、「居場所」へとなっていきました。

「鎌倉・風の学園」では、「自由」・「自律」・「平和」を柱として、高校生相当の子どもたちにオルタナティブ教育的な学びの場を提供しています。また、「学び」や「平和」についての研究の観点から、「沖縄」との関係も深いものがあります。横浜市立大学では、ここ10年来、講師として、「教養ゼミ」・「オルタナティブ教育論」等の授業を担当しています。
本書のもう一人の編著者は高橋寛人です。横浜市立大学では、２０１５年度から教員地域貢献事業というプログラムが始まりました。これを利用して、県立高校で校外団体が運営している、「ぴっかりカフェ」という「居場所カフェ」や、「バイターン」という就労支援について、運営団体のスタッフや校長・関係教職員に原稿を書いてもらい報告書にまとめました。「ぴっかりカフェ」を参考に、横浜市内の定時制高校でも、公益財団法人よこはまユース、ＮＰＯ法人多文化共生教育ネットワークかながわ（ME-net）、横浜メンタルサービスネットワークの３団体が共同で運営する校内居場所カフェが、２０１６年秋からスタートしました。これについても、校長・教職員と運営団体スタッフに原稿を依頼して報告書を作成しました。[1]
２０１３年に生活困窮者自立支援法が制定され、これにもとづいて、全国で学習支援事業が始まりました。前述の「子ども・若者の居場所研究会」の参加者の方々から、横浜市寄り添い型学習支援事業の委託を受けている団体の関係者同士が集って経験交流をする機会をつくってほしいという要望を受けました。そこで、委託団体にアンケート調査を行い、意見交換の会合を開き、スタッフの意見や要望を報告書にまとめました。[2]その要点は、①困窮家庭の子どもとの継続的な関わりによる家庭も含めた支援の可能性、②学習支援のためには「居場所」となることが必要であること、③学習支援のためにも生活支援が必要で、営利目的の塾や教育産業は不適当というものです。
その後、文科省の中央教育審議会から「チーム学校」答申が出され、スクールソーシャルワーカーの学校配置が進みます。教育系学会の研究推進委員会で「チーム学校」を検討することとなり、その研究メンバーの一人になりました。スクールソーシャルワーカーについて、教育学者の大半が、校長や教員側の視点で検討しています。これに対して私は、これまでの以上のような経緯で、福祉・就労・障害者支援のNPO関係者の立場からの見解を聞くことが多いためか、福祉的観点を重視するスタンスをとっています。

高橋　寛人

【注】

(1)『神奈川県立田奈高校での生徒支援の新たな取り組み―図書館でのカフェによる交流相談を中心に―』横浜市立大学、2016年3月。
『横浜市立横浜総合高校（定時制3部制単位制高校）におけるカフェ相談活動の取り組みと意義』横浜市立大学、2017年3月。
『有給職業体験プログラム・バイターンの意義―神奈川県立田奈高校における実績に基づく検討―』横浜市立大学、2015年3月。

(2)『【2017年増補改訂版】横浜市寄り添い型学習・生活支援の検討―研究会での委託法人関係者の意見とアンケートから―』横浜市立大学2017年8月。

居場所づくりにいま必要なこと

――子ども・若者の生きづらさに寄りそう

目次

はじめに……高橋寛人 3
本書の目的／前回の市民講座／この本の編著者について

序　章　子ども・若者の居場所をめぐる問題構造……高橋寛人 17
居場所の多様性と曖昧さ／居場所の異なる方向性／居場所に関する学問的検討／近年の新しい子ども・若者の居場所

第1部　講座「いま、子ども・若者の居場所をどうつくるか？」… 43

第1章　共に生きる（共生）とは？……鈴木　健 44
フィリピン女性たちとの出会い／川崎市ふれあい館／ふれあい館での居場所づくり／多文化を包摂したライフステージに応じた居場所づくり／出会った子どもたち――誰と共に生きるのか？／共に生きる場としての居場所／当たり前を取り戻せ！／共生の前提／解説（柳下　換）

第2章　学校内居場所の意味とは？……尾崎万里奈 66
公益財団法人よこはまユースについて／わたしと「居場所づくり」／「ようこそカフェ」とは

／カフェで出会う高校生たち／居場所カフェから見えてきたもの／居場所の姿／学校内居場所の意味とは／解説（柳下 換）

第3章 もう一つの学び……西野博之 81
フリースペースたまりば／「いのち」の重さ／子どもの権利条例／子ども夢パーク・フリースペースえん／プレーパーク（冒険遊び場）の毎日／「学び」の本質／「フリースペースえん」での暮らし／子どもに寄りそうということ／暮らしの中にある学び／居場所と学び／解説（柳下 換）

第4章 子ども・若者とどうつきあうか？……石井淳一 117
横浜寿地区について／寿での子ども・若者の居場所／寿に集まる子ども・若者たち／寿の子ども・若者とのつき合いから考える支援とは／同じ時の流れの中に居ること／解説（柳下 換）

第5章 講座のまとめ「居場所をどうつくるか？」
——これからの社会との関わりから考える……柳下 換 142
学びの存在論的検討／「学び」・「イノチ（生命）」から沖縄に注目する／沖縄平和運動の中にある「学び」／講座のまとめ／居場所に必要な2つの視点／2つの対話／おわりに

第2部　居場所と教育、社会 …… 165

第6章　子ども・若者にとって、よい居場所、ダメな居場所 …… 柳下　換　166
子ども・若者の居場所の役割を再確認／ダメなにおいのする居場所／よい居場所であるために気をつけたいこと

第7章　こんな社会に適応させることだけが、子ども・若者の支援なのか
——教育による学習支援は、経済的社会格差を縮小できるのか …… 柳下　換　180
はじめに／日本における学校教育の特徴／学び支援として必要なもの／近代以降の教育・学校が持つ機能について／民主主義と資本主義／戦後から現在における日本の教育／おわりに——日本の現教育による、子どもたちの経済的貧困解消は可能なのか

終　章　居場所を通じて考える社会変革への処方箋 …… 柳下　換　214
講座開催の動機について／子ども・若者の生きづらさの本質は何か／分裂局面と統合局面／2つの『主体』、2つの『自由』／子ども・若者の居場所の機能と役割、そして、私たちは何をすべきなのか

※　凡例

第1部の講座においては、講演の臨場感等、会場の雰囲気を正確に伝えるため、本書には当日配布された資料や紹介された写真等を掲載することはできませんでしたが、お話の意味はご理解いただけると判断し、「これ」といった指示語等を口述記録として残しましたことをご了承ください。

序章

子ども・若者の居場所をめぐる問題構造

高橋 寛人

居場所の多様性と曖昧さ

「居場所」とは何でしょうか。「居場所」を『広辞苑』（岩波書店）で調べると、「いるところ」「いどころ」と説明されています。『精選版・日本国語大辞典』（小学館）では、「① 人などが住んでいる所。居どころ、② 人が、世間、社会の中で落ち着くべき場所。安心していられる場所」と書いてあります。②には「落ち着く」「安心」できる場所という、人間の心理的な要素が入っています。そこが「居場所」であると感じるかどうかは、主観的な問題です。今日、「居場所」の語は種々の分野で多義的に用いられています。その意味は、使われる文脈に即して判断する必要があります。

そこで、「居場所」の定義を1つに確定することは困難です。けれども、「居場所」の特性については共通理解があります。「居場所」の特性としてよく耳にする言葉をあげてみましょう。「居心地のいい場所」「安心できる場所」「落ち着ける場所」「受け入れてもらえる場所」「ありのままの自分でいられる場」「自分が確認できる場」「人とつながれる場」などです。ほかに、「何でも話せる場」「話を聞いてもらえる場」ということもあります。このように、「居場所」は肯定的な意味で使われます。

居場所の異なる方向性

「居場所」の定義が様々なのは、「居場所」自体が多様だからです。「居場所」は、どの文脈でもよいものとして使われます。しかし、その方向性やあり方は、どれも同じではありません。以下では、「居場所」の中の相反する要素を検討します。

「居場所」が避難所・撤退場所など、どこかから逃げてきた、あるいは排除されてきた人々のための空間の場合があります。他方、家庭や社会などを「居場所」として持っていて、さらにもう一つの「居場所」という場合もあります。前者は課題を抱えている人を対象としますが、後者は課題を抱えていない人も対象です。別の言い方をすれば、課題・困難を抱えた人々の「居場所」か、そうでないかという違いです。

さらに、本人自身は現状では課題を抱えているとは認識していないけれども、「居場所」に来ているうちに、自ら課題に気づいたり、スタッフが課題を発見する場合もあります。潜在的なニーズを掘り起こす場としての「居場所」です。

保健・医療分野の用語で、ポピュレーションアプローチとハイリスクアプローチがあります。病気や問題行動への対処のし方として、高い危険度（リスク）を持つ人を対象にして支援していくことをハイリスクアプローチと言います。しかし、現状ではハイリスクでなくても、潜在的なリスクを抱える人たちが多数存在します。そこで、高いリスクをもつ人に限定しないで、一般の人々を対象に行っていく支援をポピュレーションアプローチと呼びます。主に予防活動がポピュレーションアプローチを利用し、治療はハイリスクアプローチとなることが多いとされています[1]。

ハイリスクアプローチの場合、支援を受ける時には、すでに危険な状態にあるということになります。そこで、それを他人に知られたくない人は、支援を受けに行きにくくなります。また、危険状態になってしまった後から、それに対処する支援はかなり困難です。しかしリスクを予防する支援は、一般にコストも労力も時間も軽くてすみます。ポピュレーションアプローチとハイリスクアプローチの考え方は、子ども・若者の「居場所」について考察するときに参考になります。

ただし、排除された人々の「居場所」であっても、そうでなくても、「居場所」はいつもの空間とは異なる場所であることが求められます。そこには、他の場所とは違う雰囲気が漂い、違う価値観、異なる人々がいます。例えば、高校内居場所カフェには、「変な大人がいる」「いままで出会ったことのないタイプの人々がいる」など、学校っぽくない雰囲気がつくられています。さらには、「こんなお菓子食べたことない」「こんな音楽聞いたことない」といった異文化に触れる空間です。後述するサードプレイスとしての「居場所」は、ファーストプレイス、セカンドプレイスとは別の空間です。サードプレイス論で有名なオルデンバーグは、「サードプレイスの存在理由は、日常生活における他の環境との違いにあり、それらと対比することによって最もよく理解されうる[2]」と述べています。であるならば、サードプレイスにもやはり既存の社会を相対化する雰囲気が求められるでしょう。

関連して、「居場所」での目的として、社会に適応できるよう支援するか否かという問題があります。適応させようとすることは、その人の現状を否定することになります。これに対し、適応できなくても構わない、すなわち「そのままでいいよ」という姿勢をとることは、本人の自己肯定感を回復し、意欲を取り戻すことにつながります。フリースクールで、不登校の子どもに、「悪いのは君ではなくて学校の方だよ」と伝えるのはその典型でしょう。

次に、「居場所」スタッフの役割を考えましょう。多くの場合、「支援者」・「援助者」と位置づけられています。現在、生活困窮者自立支援法に基づく学習支援は、法律の条文を見ると「援助」事業となっています。現在、「居場所」スタッフの中には、「支援」という言葉さえも嫌う人が少なくありません。「支援者」でなく「伴走者」・「同伴者」といった言葉をよく聞きます。また、「居場所」の運営に「居場所」の利用者が参画するところもあります。福祉や保健目的の「居場所」の場合、「居場所」は「支援」というよりも予防の場となることもあります。

ところで、他人とのつながりがあることが「居場所」の重要な要素です。「居場所」における人間関係は大切です。「居場所」に行けばいろいろな人たちと話せたり、友だちができるという点は、「居場所」の大きな魅力です。しかし、「居場所」を利用する人々の関係が固定化すると、新しい参加者が入りにくくなってしまいます[3]。そこで、常に他者を受け入れる関係、他者が入りやすい関係でなければなりません。この点がなかなか微妙です。

他方、一人でいてもよい、一人でいられること、集団に入るよう強制されたり圧力をかけられないこともまた、「居場所」の重要な要素です。交流しなくてよい、つながらなくてもその場にずっと居られることもまた、「居場所」の条件です。

さらに、一時的な「居場所」か、それとも永続的な「居場所」かという違いがあります。困難や課題を抱えた人々の「居場所」の場合は、困難・課題を解決・克服することが望ましいと考えられます。したがって、基本的には一時的な「居場所」です。そもそも、子ども・若者の「居場所」と呼ぶ以上、大人になってまで来ることを原則的には想定していません。とはいえ、「居場所」を卒業しても、何かあれば気軽に立ち寄れる場所であることが望まれます。また、いつでも帰っていける場所であれば、実際に帰ることがなくても、心の支えとなることができます。

最後に、排除された子ども・若者や、困難を抱える子ども・若者の「居場所」のスタッフには、社会に対する認識が問われます。排除された子どもたちに共感的理解ができなければなりません。また、子どもたちを排除する社会に対して、批判的な認識を持つことが必要です。子どもたちに問題があるのではなく、社会に問題があるからです。なぜ、子どもたちが排除されなければならないのか、社会への批判的なまなざしを持つことが、求められるのではないでしょうか。

居場所に関する学問的検討

これまで、子ども・若者の「居場所」に関する研究が、主に社会教育、フリースクール運動、教育学、建築学、臨床心理学、社会福祉学等の領域で進められてきました。「居場所」の考察を深めるために、各学問領域で、これまでどのような検討が行われてきたかを、簡単に見てみましょう。

社会教育研究者による居場所論

子ども・若者の「居場所」は、もともと社会教育分野の青年期教育の中で展開してきました。戦後当初は、農村部の勤労青年を対象とした青年学級や、若者の文化運動がさかんでした。高度成長期には、地方の中学を卒業後都市に就職して働く若者たちを対象に、勤労青少年会館などがつくられました。そこで様々な学習活動が展開されました。ただし、社会教育の分野で青少年育成という場合、青少年に対して既存の価値観に基づいて、上から育成するという意味合いが強いと言われます[4]。

1970年代後半に、「たまり場」づくりがさかんになりました。「たまり場」とは、青年にとって正規の定型的な学習機会の前後に行われるインフォーマルな語り合いの場です。当時の『青年団論』という本には、次のような一節があります。

〝たまり場〟でのよもやま話しは、正規の学習会にたちむかう青年たちの問題意識や学習意欲をつちかってくれると同時に、また正規の学習会で学んだことを青年たちの血とし肉としてくれもするのである[5]。

よもやま話をする「たまり場」には、今日の「居場所」と重なるものがありますが、「正規の学習会」が「たまり場」の上位にあった点が異なります。

その後、英語圏で使用されている、「ユースワーカー」の概念をとり入れる動きが出てきました。ユースワーカーは若者の側に立って支援するという考え方に立ちます。ユースワーカーも広い概念です。『若者の居場所と参加・ユースワークが築く新たな社会』には、次のように書かれています。

集団活動を通した育成を目指す指導者、リーダーや、居場所づくり支援のスタッフ、就労支援なども含む自立支援活動のスタッフ、非行対策に関わる指導者や補導関係者まで含む、さまざまな役割を包括的に説明する上で、ユースワーカーという考え方は有効だと思われる[6]。

ズバリ「居場所」をタイトルとした本に、萩原建次郎著『居場所――生の回復と充溢のトポス』があります。著者は社会教育をふまえながら、それをこえて総合的に子ども・若者の「居場所」を論じています。同書は「居場所」の意味と成立条件を次のようにまとめています[7]。

①居場所は「自分」という存在感とともにある。
②居場所は自分と他者との相互承認というかかわりにおいて生まれる。
③そのとき生きられた身体としての自分は、他者・事柄・物へと相互浸透的に伸び広がっていく。
④同時にそれは世界（他者・事柄・物）の中での位置感覚の獲得であるとともに、人生の方向の生成でもある。

フリースクール運動の居場所論

1970年代半ばからのいわゆる「教育荒廃」を経て、学校が「居場所」でないという子どもたちがふえていき、登校拒否・不登校の児童生徒の問題が顕在化しました。1980年代に入ると、学校が「居場所」でない子どもたちのために、フリースクールが生まれます。「東京シューレ」「フリースペースたまりば」などはその代表です。フリースクールは、理念的には、学校への適応を図るものと、学校とは異なる学びの場を提供するものとに分かれます。約10年前に刊行した前記『居場所づくりの原動力』（松籟社、2011年）は、後者の場を提供する「居場所」を運営してきた先駆者に、「居場所」づくりの「原動力」を語ってもらったものです。

不登校の子どもに問題があるのではなく、学校に問題があると考えた人々は、学校の画一主義、競争主義、管理主義等を批判しました。既存の学校にかわるオルタナティブな学校作りをめざす人々も出てきました。こうして、登校拒否・不登校の子どもたちに学校以外の「居場所」をつくる活動として、フリースクール運動が生まれました。「居場所」という言葉は、フリースクールがつくられていく中で広がっていきました。

やがて、政府も学校自体を「居場所」にしようと呼びかけるようになります。1992年、文部省の学校不適応対策調査研究協力者会議は、『登校拒否（不登校）問題について――児童・生徒の『心の居場所』作りを目ざして』と題する報告をまとめました。ここに「心の居場所」という言葉が登場しました。「心の居場所」とは、「児童生徒にとって自己の存在感を実感でき、精神的に安心していることのできる場所」です。2016年の文科省・不登校に関する調査研究協力者会議『不登校児童生徒への支援に関する最終報告』にも、以下のように「居場所」の語が使われ、学校を「居場所」にするよう述べています。

学校生活に起因する不登校の背景には、いじめ、暴力行為、体罰など、児童生徒間や教員との人間関係によるものもある。学校が児童生徒にとって楽しく、安心して通うことのできる居場所とするためには、いじめや暴力行為を許さない学校づくりや、必要に応じて警察等の関係機関との連携や出席停止の措置を適切に講じるなど、問題行動へのき然とした対応が必要である[8]。

この報告は、さらに次のように、学校だけでなく家庭内でも子どもの「居場所」が大切だと述べています。

　プライバシーに配慮しながらも家庭内における児童生徒の居場所を確認することは、児童生徒を理解するために有効と考えられている[9]。

学校教員や教育学の世界では、子ども同士のよりよい関係性をつくることを通じて、学級や学校を子どもの「居場所」とするための理論と実践を、昔から追究してきました。それは、「居場所」づくりに留まらない関係で、「学級づくり」「学校づくり」などと呼ばれています。

臨床心理学者の居場所研究

さて、1970年代に登校拒否・不登校の子どもの問題が顕在化した当初から、心理学者は対応を模索してきました。フリースクールなどの学校外の「居場所」が広がると、それに注目する研究が出始めます。

社会的排除によって「居場所」を求めている人の場合、排除されたことにより自己肯定感が失われ、無力感を抱いていることが少なくありません。これ以上傷つくことを恐れて、自己防衛のために、他者との関係を拒否している場合もあります。そこで、心理学者の「居場所」論は、自己肯定感を回復させたり、有用感を持たせるだけでなく、失敗や挫折による自己否定を受け止めて、自尊心の形成を支援できる場という意味を加えている場合が多くみられます。

前述したように、ある人にとって「居場所」と感じられるか否かは、その人の主観に依存します。心理学の領域では、どのような場所が「居場所」と感じられるのかを研究します。子どもにとって、「居場所」と感じられる場の条件を探る研究も行われています。杉本希映著『中学生の「居場所環境」における心理的機能に関する研究』は、一般の中学校の生徒を対象に、「居場所」の心理的機能の構造と、子どもの発達による「居場所」の変化について検討した研究です。小学生は多くが「家族のいる居場所」を選択します。しかし、学校段階が上がるにつれて、「家族以外の大人のいる居場所」、「自分ひとりの居場所」が増えてきます。そして、学校不適応児童生徒に、「居場所」環境の視点から対応することの有効性を指摘しています。不登校の子どもが、大人との関係あるいは大人に守られることで成り立つ特別な「居場所」を利用することで、再び「友だちの居る場所」を持てることなどを調査研究に基づいて指摘しています[10]。

中藤信哉著『心理臨床と「居場所」』は、心理臨床に「居場所」概念を役立てようとした研究です。居心地の悪い集団に所属している青年を対象に調査を行い、集団が個人にとって「居場所」となる条件を検討し、さらに、「居場所」と心理臨床実践との関連を追究しています。この本は２０１７年に刊行されました。この時期になると、「居場所」に関する研究がかなり蓄積されてきました。同書は「居場所」概念について、先行研究を詳しく検討しています。

建築学者の居場所空間

建築の世界でも、１９９０年代以降、「居場所」という言葉がよく使われるようになりました[11]。日本建築学会が２０１０年に出版した、『まちの居場所』という本があります。同書は大半のページを、具体的な「まちの居場所」の紹介にあてています。デイサービス施設、グループホーム、子ども家庭支援センター、フリースクール、雑居ビル、仮設住宅のカフェ、団地、アパート、プレーパーク、公園など多岐にわたります。「まちの居場所」とは何でしょうか。この本は次のように述べています。

まちの居場所を一言で定義することは難しい。それは明確な目的や機能を持つ場所というよりも、まちにさりげなく存在する場所であり、さまざまな人がさまざまな理由で集っている場所である。それはたいていの人にとって、おそらく生活に必需というものではなく、その場所を生活の中心に据えるようなものでもない。……何をしに行くわけではないが、行けばいろんな人と出会い、いろんな活動に触れ、気がつけば人を迎える側として振る舞っているかもしれない[12]。

他のページには、「誰でも気軽に立ち寄ることができ、思い思いに過ごすことができるような運営や空間設定がされている場[13]」、あるいは、「訪れやすく、いつでも誰に対しても開かれている[14]」などという表現もあります。

そして、この本は、子どもの居場所づくりのために大切な要素として次の4点を掲げています(15)。

1　こどもたちが主体的に活動できるようになること、そのきっかけをつくること
2　様々な環境（人や場所）をつなげて事業の多次元化を図ること
3　こどもに教えようとするのではなく、大人も一緒に学ぶ仕組みを作ること
4　活動後は冊子などにまとめ、それを伝えていく仕組みをつくること

子どもの主体性、人や場所のつながり、大人も共に学ぶ、活動を伝える仕組みをつくることがあげられています。

「居場所」の物理的構造として、「縁側」がしばしば例に挙げられます。高度成長期までの日本の住宅には、一階の部屋の外側に畳や床と同じ高さに細長く板を張ってあることがよくありました。庭から部屋への上がり口、近所の人と座って話をする場、子どもが将棋やトランプなどで遊ぶ場など、様々な使い道がありました。部屋という私的な空間と、戸外という開かれた空間の境目です。近所に住む人々との半分公共的、半分私的な空間でした。「居場所」は、だれに対しても開かれていながら、そこから私的な人間関係に入っていけるという空間です。この点で、しばしば縁側のイメージが語られます。

オルデンバーグの「サードプレイス」

ところで、米国の社会学者レイ・オルデンバーグ（Ray Oldenburg）のサードプレイス論は有名です。「居場所」が「サードプレイス」として説明されることも少なくありません。ファーストプレイスは家庭、セカンドプレイスは労働の場、そしてサードプレイスとは、「家庭と仕事の領域をこえて、定期的で自発的でインフォーマルな、楽しみを期待する人々の集いの場を提供する、非常に多様な公共空間の包括的な名称(16)」です。

オルデンバーグは、サードプレイスの特徴を8点あげて説明しています(17)。第1は中立性です。自由に出入りでき、みんながくつろげることです。第2は平等性です。社会的地位などとは関係なく、だれにでも門戸を開いていて、中にいる全員が平等です。第3は、会話が楽しく活気に満ちています。第4は、長時間オープンしていて時間的・場所的に行きやすいことです。第5は、常連がにぎやかな雰囲気をつくっていて、新参者を受け入れてくれます。第6は、地味で控えめな概観であること、第7は、雰囲気に遊び心が満ちていること、第8は、公的な空間であるけれども家庭のような心地よさがあることです。

オルデンバーグは「サードプレイス」の特徴をまとめて次のように述べています。

サードプレイスは中立性を基盤とするので、訪問者たちを社会的平等の状態にする役目を果たす。このような場所では、会話は主要な活動であるだけでなく、人格や個性をあらわし、理解するための重要な媒介物になる(18)。

そして、このパラグラフを以下の文で終えています。

家庭とは根本的に異なる環境とはいえ、サードプレイスは、精神的な心地よさと支えをもたらす点が、よい家庭と非常によく似ている。[19]

居場所のメンバー間が平等で、対話が行われ、精神的安定を得られる場という点で、日本における子ども・若者の「居場所」のイメージと同様です。

オルデンバーグが、「サードプレイス」として考察の対象とするのは、イギリスのパブやフランスのビストロ、アメリカの居酒屋、イギリスとウイーンのコーヒーハウスなどです。[20] アラビアのコーヒーハウス、ドイツの居酒屋、イタリアの食堂、アメリカ西海岸の昔からの雑貨屋、スラム街のバーもサードプレイスです。[21] これらは「支援」を目的につくられた場所ではありません。「支援」のためにつくられた場所に、人々が寄りつかないことはめずらしくありません。「支援」が必要な人々の「居場所」となるために、何が必要かを気づかせてくれます。[22]

福祉的支援の居場所論

近年、日本社会の高齢化に伴って、お年寄りの「居場所」が増えています。また、貧困化が進んで、福祉的支援が必要な子どもや家庭が増えました。各地の社会福祉協議会では、子どもの「居場所」づくりを支援するための助成金や相談事業、パンフレットの作成などを行っています。
公益財団法人さわやか福祉財団が『居場所ガイドブック』という冊子を刊行しています。この冊子の内容を見てみましょう。冒頭には次のように書いてあります。

全国各地で居場所の必要性が高まっています。高齢者だけでなく、子どもたちや子育て中の人、若者世代、生活に困窮する人たち、障がいを持つ人たち、認知症の人たちなどあらゆる世代における課題を解決する手法になっています。まずは人と人とがつながることが、その解決のきっかけになるからでしょう。[23]

「居場所」で人々がつながることが課題解決のきっかけとして役立つと述べているのです。同書は、「居場所に求められる姿」として、次の5点をあげています。[24]

①いつでも立ち寄れて、いつでも帰ることができる
②誰もが利用できる
③時間を自由に過ごすことができる
④経験や能力を生かすことができる
⑤自分の存在を認識できる。

上記「④経験や能力を生かすことができる」について、『居場所ガイドブック』には、「自分の役割を見出すことで、いきがいが生まれる」との説明があります。これまでに見た「居場所」機能には、必ずしも登場しない事項です。

そして「居場所」の効果を6つ掲げています[25]。

①介護予防・認知症予防
②子育ち支援・学校支援
③高齢者の精神的自立・いきがい
④ひきこもり・孤独死予防
⑤安全・安心な町づくり
⑥共生による人間力の育成

福祉に特有の内容として、①介護予防・認知症予防、④ひきこもり・孤独死予防などの予防をあげている点が注目されます。

地域福祉の観点からコミュニティカフェを研究した、『コミュニティカフェと地域社会』という本があります。同書では、コミュニティカフェを、「飲食を共にすることを基本に、誰もがいつでも気軽に立ち寄り、自由に過ごすことができる場所である[26]」と定義しています。また、「社会的に孤立している者の居場所でもある[27]」と記しています。そのようなコミュニティカフェは、「ニーズキャッチの場あるいは予防的な場として期待される」[28]とともに、ソーシャルワークの「実践の場の一つ」であると述べています[29]。

以上のように、福祉の観点からは、特に、福祉的な予防、ニーズ発見、そしてソーシャルワークの場すなわち福祉的支援の場としての機能が期待されていることが特徴です。

近年の新しい子ども・若者の居場所

さて、20世紀末から、日本社会の貧困化が進んでいます。近年、ようやく政府も貧困対策への取り組みを始めました。生活困窮者自立支援法が2013年に制定されました。2013年に、子どもの貧困対策の推進に関する法律が制定され、翌年、「子どもの貧困対策に関する大綱」が閣議決定されました。

近年、子どもの貧困化に対応して、新しい子ども・若者の「居場所」が作られています。その代表的なものとして、子ども食堂、学習支援、高校内居場所カフェをみてみましょう。

子ども食堂

子ども食堂が話題になり始めたのは、2013年頃からです。2014年4月にNHKテレビの「あさイチ」で、東京都豊島区の豊島子どもWAKUWAKUネットワークの子ども食堂が紹介されました。それがきっかけで、「クローズアップ現代」「NEWS23」などでの取材が相次ぐと、「子ども食堂をつくりたい」という人々が全国から見学に押し寄せたそうです[30]。

子ども食堂は、貧困などで十分な食事が食べられない子どもに、地域のNPOなどが食事を提供するものです。一日三食食べられない子どもや、カップラーメンやパンだけといった片寄った食事をしている子どもたちが少なくありません。後述の学習支援の場に来ている子どもに、ボランティアスタッフが、「ちゃんとご飯食べている？」と尋ねたら、「食べてるよ」という返事。しばらくして、「昨日の夕食は何を食べたの？」と聞くと、「カップラーメン」、「じゃあその前の日は？」「カップラーメン」という答えで驚いたという話を聞きました。子ども食堂ではふつう、ご飯や味噌汁と複数のおかずのそろった夕食を食べることができ、多くの人たちと一緒に食卓を囲むことによって、楽しく食事ができます。また、地域の住民の交流の場にもなるという副次的効果もあります。

「NPO法人全国子ども食堂むすびえ」の調査では、2019年6月現在、全国約3，700か所以上で開かれていることが明らかになりました。日本中の多くの人々が子どもの貧困問題に対して、何かできることをしたいと考えていたことのあらわれです。

前記豊島子どもWAKUWAKUネットワークは、『子ども食堂をつくろう！』という本を刊行しています。子ども食堂はWAKUWAKUの他の活動と同様、「『子どもに来てほしい！』と願ってつくった居場所です[31]」と書いてあります。子どもの「居場所」であることを、次のように説明していることが注目されます[32]。

子どもに来てほしい居場所は、子どもの目線で、子どものニーズに合わせてつくらなくてはなりません。（中略）「主役は子ども」であってほしいです。だから「お願いします！」とやってくる子はひとりもいません。むしろ大人が「よく来てくれたね、ありがとう」「おかえり」と温かく迎える、家庭のようなまなざしを大事にしてほしいと思います。

食事の提供自体が支援ですが、子ども支援の「入り口」としての意義を持たせることもできます。子ども食堂での子どもやその親との会話の中で、支援ニーズを把握することができ、関係機関につなげることが可能です。(33)

生活困窮家庭の子どもへの学習支援

２０１３年制定の「子どもの貧困対策の推進に関する法律」第10条は、貧困の状況にある子どもへの教育支援に関する規定を置きました。２０１４年に「子どもの貧困対策に関する大綱」が閣議決定されました。そこでは「生活保護世帯の子供を含む生活困窮世帯の子供を対象に、生活困窮者自立支援法に基づき、平成27年度から……学習支援事業を実施する。(34)」と記されました。２０１５年に施行された生活困窮者自立支援法は、都道府県・市町村が、「生活困窮者である子どもに対し学習の援助を行う事業」を実施できるとし、その費用の２分の１以内を国が補助できると定めました。

生活困窮家庭の子どもへの学習支援は、家庭が貧困のために塾に行くことのできない子どもにタダで勉強を教える場所だという認識をされていることが多いようです。しかし、勉強の前に、「居場所」となる必要があります。

生活困窮者自立支援法案は、社会保障審議会の「生活困窮者の生活支援の在り方に関する特別部会」が2013年1月にまとめた報告書をふまえて作成されました。この報告書の中に、「子どもの学習支援や社会性を育むための支援について」という項目があります。学習支援の必要性について、以下のように記しています。

生活困窮と低学歴・低学力の問題には相関が指摘されている。このため、貧困の連鎖を防止するためには、義務教育段階から、生活保護世帯を含む貧困家庭の子どもに対する学習支援等を行っていく必要がある。(35)

貧困の世代間連鎖を防ぐために、義務教育段階からの学習支援が必要であると記しているのです。その中味は、次のように、学校の勉強の補習だけではないと述べている点が注目されます。

その際、学習支援については、勉強を教えるということもさることながら、社会制度に対する知識や生きるための術といった、社会生活を営む上で必要となる知識を幅広く教えていくことが必要である。併せて、学習することの重要性についての保護者の理解を促すための取組も行っていくことが必要である。(36)

勉強を教えるだけでなく、社会生活に必要な知識を教えること、また、保護者に学習の重要性を理解させるよう述べています。さらに、「学習支援に併せて、仲間と出会えて活動ができる居場所づくりも必要である[37]」と、学習支援の場が「居場所」となることとの必要性を訴えているのです。

「はじめに」に書いたように、横浜市で寄り添い型学習支援に携わっている団体スタッフの意見を集約した結果、やはり、学習支援のためには「居場所」となることが必要だという意見が大勢でした。学習・生活支援の必要な子どもたちの多くは自己肯定感、自己有用感を持てず、学力や学習意欲が低い子どもたちです。ほめられるよりも、しかられるなど否定的に扱われたことが多いので、大人に対して不信感を持っている子どもがめずらしくありません。子どもたちが学習支援の場に喜んで来るためには、子どもたちにとって「居場所」となることが必要なのです[38]。

高校内「居場所カフェ」の広がり

近年、高校で「居場所カフェ」や「交流相談カフェ」と呼ばれるものが開かれるようになりました。これは主に、困難を抱える生徒の多い高校で、週に1回または1ヵ月に2回程度、学校内の空き教室などを利用して、生徒がタダでドリンクを飲んだりお菓子を食べながら、生徒どうし話したり、学生などのボランティアや委託団体のスタッフと交流するものです。学校の教員ではなく、ひきこもり対応や就労支援などの若者支援で実績のある団体が運営し、生徒の相談に応じて支援を行います。

高校内居場所カフェは、２０１２年度より大阪府立のある高校で始まり、その後約20校に広まりました。２０１４年度から、神奈川県立のあるインクルーシブ高校と川崎市内の昼夜間定時制高校[39]で校内居場所カフェが開かれています。同校は、夜間部のほかに昼間部も持つ定時制です。２０１４年度に川崎市の福祉施策の一環としてはじまり、２０１６年度からは市教育委員会の「生徒自立支援業務委託事業」となりました。委託団体は、川崎市ふれあい館を運営している社会福祉法人青丘社です。青丘社の鈴木健さんには、本書第I部第1章で「共に生きる（共生）とは？」のテーマで語ってもらいました。

横浜市立の定時制高校でも、2016年秋から「居場所カフェ」がはじまりました。この高校も夜間部の他に午前・午後の部を持つ昼夜間定時制高校です。同校のカフェは、青少年の育成活動に実績を持つ公益財団法人「よこはまユース」、NPO法人「横浜メンタルサービスネットワーク」、そして外国につながる子どもたちの支援を行うNPO法人「多文化共生教育ネットワークかながわ」（ME-net）の3団体が、共同で運営しています。外国につながる子どもたちは、日本語の読み書きがうまくできないなどの事情で、全日制ではなく定時制高校に進学するケースが少なくありません。本書第I部第2章では、高校生への「カフェ」の意義と役割について、「よこはまユース」の尾崎万里奈さんが語ります。

今日の高校生が抱える困難に対して、高校教員にできることには限りがあります。かつては、生徒を何とか卒業させれば、定職について生活保護から脱却させられました。しかし、今は正規採用の求人が少なく、多くが低賃金で不安定雇用です。正規採用でもかつてのような昇給は期待できません。高卒の非正規雇用は大半が最低賃金レベルで、毎日まじめに働いても、生活保護水準とそれほど変わらない収入しか得ることができません。非正規雇用で努力しても、正規雇用に転換することは困難です。そして、多くの場合、賞与はなく、定期昇給もなく、住宅手当も扶養手当もありません。年金と健康保険の保険料は、少ない収入の中から自分で納めなければなりません。

文科省は学校におけるキャリア教育の推進を唱えていますが、キャリア教育では根本的な解決にはなりません。高校卒業者の就職問題の根本原因は、教育ではなく雇用にあるからです[40]。

就労問題にとどまりません。虐待を受けて育った生徒、実の親でない保護者と暮らしている生徒など、生徒の抱える様々な困難に教師が対応することには限界があります。生活保護家庭の生徒の進学相談、保護者が精神疾患を持つ家庭の生徒への支援、借金の返済に追われる家庭の子どもの相談なども、対応できる教師は例外です。困難を抱える高校生に対する支援には、教員以外の人材の手が必要です。高校内「居場所カフェ」は、若者支援の経験を持つ非営利団体が運営している点に大きな特長があります。

前述のように筆者は高校内居場所カフェに関わっています。全国各地からカフェをつくりたいという声があがっています。要望に応えて、大阪と神奈川でカフェを始めたスタッフを中心に「居場所カフェ立ち上げプロジェクト」をつくり、校内居場所カフェの本を刊行しました[41]。

【注】

（1）日本看護協会健康政策部保健師課編『わかる、できる 保健師のためのポピュレーションアプローチ必携』日本看護協会、２０１８年、８頁。

（2）Ray Oldenburg, *The Great Good Place*, Da Capo Press, 1989, p.22,（邦訳：レイ・オルデンバーグ著・忠平美幸訳『サードプレイス――コミュニティの核になる「とびきり居心地よい場所」』みすず書房、２０１３年）。

（3）青砥恭「『高校中退』から『セカンドチャンス』へ」（青砥恭・さいたまユースサポートネット編『若者の貧困・居場所・セカンドチャンス』太郎次郎者エディタス、2015年）29－30頁。
（4）田中治彦・萩原建次郎編著『若者の居場所と参加――ユースワークが築く新たな社会』東洋館出版社、2012年、5頁。
（5）那須野隆一『青年団論』日本青年団協議会、1976年、84頁。
（6）前掲『若者の居場所と参加――ユースワークが築く新たな社会』176頁。
（7）萩原建次郎著『居場所――生の回復と充溢のトポス』春風社、2018年、111頁。
（8）不登校に関する調査研究協力者会議『不登校児童生徒への支援に関する最終報告』2016年、17頁。
（9）同前、27頁。
（10）杉本希映『中学生の「居場所環境」における心理的機能に関する研究』風間書房、2009年、258頁。
（11）日本建築学会編『まちの居場所』東洋書店、2010年、174頁。
（12）同前、180頁。
（13）同前、175頁。
（14）同前、196頁。
（15）同前、212頁。
（16）Oldenburg.op.cit.,p.16.
（17）Ibid.,pp.20-42.
（18）Ibid.,p.42.
（19）Ibid.
（20）Ibid.,p.xxx.
（21）Ibid.,p.20.
（22）なお、心理学の観点からは、「スペース」を発達段階に応じて区分します。生まれてすぐ育てられる家庭が、「プ

(23) ライマリー・スペース」です。「セカンド・スペース」は、幼児・児童期の仲間づくりの場で、昔は近所の空き地や公園での遊び集団が形成されました。しかし、いまは幼稚園・保育園など大人が関わる施設に中心が移っているかもしれません。そして、「サード・プレイス」が学校です（忠井俊明・本間友巳編著『不登校・ひきこもりと居場所』ミネルヴァ書房、2006年、118－124頁）。
(24) 公益財団法人さわやか福祉財団『居場所ガイドブック　いつでも誰でも行ける場所を広げよう！』2019年、1頁。
(25) 同前、3頁。
(26) 同前、5頁。
(27) 倉持香苗『コミュニティカフェと地域社会――支え合う関係を構築するソーシャルワーク実践』明石書店、2014年、30頁。
(28) 同前、263頁。
(29) 同前、261頁。
(30) 同前、265頁。
(31) 豊島子どもWAKUWAKUネットワーク編著『子ども食堂をつくろう！』明石書店、2016年、14－15頁。
(32) 同前、66頁。
(33) 同前、67－68頁。
(34) 同前、105頁。
(35) 「子どもの貧困に関する大綱」2014年8月29日閣議決定、13頁。
http://www8.cao.go.jp/kodomonohinkon/pdf/taikou.pdf
(36) 「生活困窮者の生活支援の在り方に関する特別部会報告書」2013年1月25日、34頁。
(37) 同前、35頁。
同前。

(38) 前掲『【2017年増補改訂版】横浜市寄り添い型学習・生活支援の検討—研究会での委託法人関係者の意見とアンケートから—』2017年8月、5-8頁。
(39) 昼間定時制高校とは、夜間だけでなく、午前の部、午後の部など、昼間に授業を行う高校である。夜間だけの定時制の場合、3年間で卒業単位を満たすことはできないので、卒業まで4年以上かかるが、昼間部の授業を履修することによって、3年間で卒業することが可能となる。
(40) 今野晴貴『ブラック企業』(新書) 文藝春秋、2012年、224-225頁。
(41) 居場所カフェ立ち上げプロジェクト編『学校に居場所カフェをつくろう!——生きづらさを抱える高校生への寄り添い型支援』明石書店、2019年。

第1部

講座
「いま、子ども・若者の居場所をどうつくるか?」

第1章

共に生きる（共生）とは？

鈴木 健

川崎市ふれあい館の鈴木健と申します。よろしくお願いします。こういう場で話をさせていただくことが最近すごく多いんですけれども、なかなかうまく話ができなくて、しかも、かなり小心者なので、今日、今年に入って一番緊張しています。今日は子ども・若者の居場所づくりを通じて、共に生きる（共生）ということを考えていきたいと思います。

フィリピン女性たちとの出会い

今、僕は川崎市ふれあい館というところで、様々な子ども・若者の居場所づくりに取り組んでいますが、ふれあい館で働き始める前、僕は長いこと在日フィリピン人のコミュニティづくりとか、相談支援活動とか、フィリピンにつながる子ども・若者の居場所づくりをやってきました。

今日は寿から石井さんも来られていますけれども、きっかけになったのは高校1年生、15の夏でしたね、横浜の寿町に迷い込んでしまって、そこでフィリピンの人たちと出会って、フィリピンの人たちに救われて。フィリピンの人たちとずっと一緒にいるうちに、僕自身がタガログ語を身につけて……。それ以来ずっとフィリピンの人たちと関わり続けてきました。

僕が関わっていたフィリピンにつながる子どもたちの家庭のほとんどは、ひとり親家庭でした。その母親であるフィリピンの女性たちは、エンターテイナーとして日本にやってきて、フィリピンパブとかで働いていました。その女性たちは最終的に日本で、日本人の男性と国際結婚をしていくんですね。それが、１９９０年代の中ごろから、結婚した日本人の男性からＤＶの被害に遭っていくっていうことが増えていきました。それで、日本人との間に生まれた日本生まれのフィリピンにつながる子どもと一緒に家を飛び出して逃げて、当時はね、日本の役所とかが助けてくれるっていうような時代ではなかったですから、もう本当に命からがら逃げ出して、シングルマザーとなって子どもたちと日本で生きていくという決断をしていったのです。

当時働いていた団体では、フィリピン人のスタッフがいたので、お母さんたちの話は、そのフィリピン人の女性スタッフが聞いたんですけど、相談を受けている間、僕は子どもたちの相手をひたすらやったんですね。もう本当に、結構衝撃的でした。当時、僕は20歳そこそこですから、なんか専門的な知識があって、こういった場合にはこうした対応をすればいいんだということがわかっ

鈴木健氏の講座風景

て対応していたわけじゃなくて、ほんとに目の前に来た子どもとか赤ちゃんとかと向き合いながら、どうしていったらいいんだろうっていうのを一つ一つ考えていったんですよね。女性たちのコミュニティづくりを進めていく中で、「カラカサン」というグループをフィリピン人の女性たちと一緒に作りました。

「カラカサン」とは、フィリピンのタガログ語で、「力」っていう意味なんですけれども、女性たちが、手と手をつなぎあって自分たちの力で生きていこう、そして、自分たちの力で日本社会を元気にしていきたいという願いを込めて、そういう名前をつけました。

女性たちはDVを受けてきてボロボロになりながらね、最初やってくるんですよね。そのなかから徐々に、女性たちが女性たち同士の出会いのなかで回復をしていき、力を取り戻していくというような姿っていうのをたくさん見ました。そして、子どもたちも、外国につながるということで、小学校ではほとんどの子はね、いじめられていましたね。さらに、家の中では、お父さんがお母さんに対してボコボコに暴力を振るうっていうDVの場面——今は児童虐待の定義にも加わっていますよね——、DVの面前目撃っていう状態にありましたし、親からのかなり深刻な虐待を受けている子どもたちも多くいました。

もっと大変だったのは、オーバーステイ状態にある子どもたちでした。90年代の後半になると、いわゆるオーバーステイの人たち同士で家族をつくって、そのオーバーステイ状態の子どもたちがだんだん増えていくんですよね。そうするとオーバーステイですからね、公的な支援とかがなかなか受けられませんし、家を見つけるとか、仕事を見つけるとかっていうのはかなり困難なんですよね。なのでもうオーバーステイ状態の子どもたちって家はないし、飯は食えないし。お母さんの友だちの家を転々としながら、そして、泊まる所がないと野宿をしながら生きてきて、子どもたちをずっと支えていたんですよね。その当時の子どもたちはね、今、在留資格も取れて、親になってその子どもたちが小学校に入るぐらいの歳になりつつありますけれども。

そうした女性たち子どもたちが居場所の中で、仲間と出会って回復をしていき、力を取り戻していく姿っていうのをたくさん見てきました。それこそ、これが居場所の力なんだっていうことを自分自身が実感をしました。そういう前史があって、今、ふれあい館で働いています。

川崎市ふれあい館

というところで、ふれあい館の紹介に移っていきたいと思います。ふれあい館は、川崎の桜本っていう地域にあって、川崎の一番南部ですね。１９８８年に川崎市がつくった施設です。子どもから高齢者まで、日本人と在日外国人が触れ合いながら差別のない共に生きる地域づくりを進めていこうという目的を持って川崎市がつくった施設で、児童館と社会教育施設の統合施設っていうんですけれども、単純に言っちゃうと児童館とコミュニティーセンターがセットになったような施設です。そこを今、指定管理者になっていますけど運営しているのが、社会福祉法人青丘社です。今日パンフレットを持ってきたので青丘社の紹介は割愛させていただきますが、是非パンフレットのほうをあとで読んでください。

で、このふれあい館がある川崎の桜本っていう地域、とりわけ川崎の南部の地域性をちょっと紹介していきたいと思います。

川崎南部は、元日本鋼管のＪＦＥスチールとかを中心とした京浜工業地帯のど真ん中の地域なんですね。古くは、今から１００年ぐらい前ですか、沖縄から出てきた人たちが働き始めました。そして、高度経済成長期になると、日本の地方、秋田ですとか宮城、福島の方とかが多い感じがしますが、そうした地方から、川崎にやってきて、川崎で家族をつくられたという方もいらっしゃいますし、単身でずっと働きながら今高齢期を迎えているという方々もたくさんいます。

そして、桜本はどういった街かというと、在日の故郷、在日コリアンの集住地域ですね。日本が朝鮮半島を植民地化しましたよね、その影響で日本に連れてこられた人たちもいますし、日本に働きに行かざるを得なくなった人たちが、戦後、朝鮮半島の故郷に戻ることができず、日本での生活を余儀なくされた朝鮮半島出身者が、日本各地から集まってきて、桜本に集住していきました。１９９０年ぐらいからは、最初はフィリピン人が増えていきましたね。次に、中国の人ですとか、最近ですとベトナムの人とかが増えていまして、非常に多文化な地域に今はなっています。

ふれあい館での子ども・若者の居場所づくりを考えるときに、こういった地域性という特色はすごく大きいです。地域性をいかに理解するかっていうことも、居場所の運営にあたっての大切な要素かなと思います。

ふれあい館での居場所づくり

ふれあい館は児童館でもあるので、放課後や土日、休日には朝から子どもたちがたくさん集まってくるんですね。晴れた日とかは、公園で遊ぶっていうグループと、友だちの家で遊ぶグループ、ふれあい館で遊ぶグループなどにわかれて時間を使っています。地域の子どもたちが、棲み分けをしながら遊び場をつくっている場所の1つです。ただ、児童館って、要は子どもたちが友だちと一緒に連れ添って自由来館で来るっていうのが、大体のパターンなんですね。あとは、なかなか学校とかで友だちがうまくつくれなくて、ひとりぼっちでぽつんと来る子たちもぱらぱらいますけれども……。そういう自由来館のなかで、子どもたちの居場所をつくって、僕たちががっつりつき合っていくってね、やはりなかなか難しいんですよね。ただ、ふれあい館でいろんな子どもたちに接してきて、なんとかしなきゃいけないないなとか、なんとかなんないかなみたいなことってたくさんあって、このまま放置をすることってってできないなと思って……。そんな想いで児童館のなかで、さらに子ども・若者の居場所づくりを進めていこうと考え、いろんな居場所づくりをしています。

小学生段階ですと「子ども食堂」は、もう流行り物ですね、子ども食堂を、3年前ぐらい前から始めています。川崎は地域柄、下町ですし、濃い人と人とのつながりみたいなやつがね、まだまだ残っていて、とにかく大量の子どもたちがやってきます。夏休みの間とかはね、「夏の夜のプログラム」っていうのをつくって、もう地域最強の子どもたちを集めて、高校生を中心とした若者たちに、子どもたちの面倒をみてもらうというプログラムをやったりですとか、「多文化子どもハロハロクラブ」っていって、多文化の子どもたちが共に学びあい、共に育ちあえるようなクラブ活動をやっています。

中学生になると、学習支援を切り口とした居場所づくりというのをやっていたり、高校になると定時制高校で、「ぽちっとカフェ」って高校内居場所カフェをやっています。

さらに、若者に対しては、桜本のちっちゃい町の中にたくさんの事業所を持っているんですが、そこが夜とか週末になるともう空き施設になっちゃうので、そういった所を使って若者の居場所づくりをしています。今年は3月の17日にやりますけど、「桜本フェス」っていう小さな音楽フェスを若者たちと一緒にやったり、夏になるとキャンプに行ったりとかもしています。川崎での全盛期は過ぎてしまいましたが、まだ、結構ラップが流行っていて、ふれあい館でも若者たちがラップのグループをつくって、自分たちの思いのたけをラップにしたりとかしています。

あと、外国につながる小学生・中学生の学習サポートですとか、中学校の学齢である15歳を越して日本に来た子どもたちが、高校に入れるようにするためのフリースクールもやっています。こういったいろいろな居場所づくりをやっているんですけれども、外国につながる方の居場所は、別のスタッフがやっていて、僕がやっているのは、「子ども食堂」「夏の夜のプログラム」「ハロハロクラブ」「中学生の学習サポート」「定時制高校の高校内居場所カフェ」「若者の居場所」などです。

これらの居場所を、小学生から若者まで、たくさんの子どもたち、若者たちが利用していますし、しかも、保護者ともつき合うから、大量の人たちとつき合うことになるんですね。だから、僕は川崎では悪さできないですね。誰かに絶対見られているなっていうことを、覚悟しています。

多文化を包摂したライフステージに応じた居場所づくり

もともと、僕はフィリピンにつながる子どもたちを中心にして、「多文化」をキーワードにした子ども・若者の居場所づくりをずっとやってきました。ふれあい館に来て、今までどおりにフィリピンにつながる子とか、多文化っていうことをやってもいいかなとは思いましたが、ふれあい館のような地域施設ですと、やっぱり圧倒的に多いのは日本人の子なんですよね。日本人の子どものことも放っておけないし、かといって、フィリピンの子たちっていうのもあきらめられない、体は一つしかないし、どうしようかって悩んだのですが、そうだ！って思ったのが、多文化っていうキーワードだけでやっていたら多文化しかできないけれども、子ども・若者というキーワードの中に多文化を包摂させていく、そうすれば両方できるなと気づきました。これがね、なんかね、ふとした思いつきだったんですけど、よかったなと思っています。子ども・若者、多文化っていうのは切り離されて別々にあるんじゃなくて、子ども・若者の中に多文化も当然あるっていうことを、今、大切にしながらやっています。

あと、さっきの、子ども・若者の居場所づくりって、ライフステージのどこかの世代のことだけをやっています、というところが結構あると思うんですけれども、僕はやっぱりね、子ども・若者は、やはり育ちですよね、育ちの中では必ずどこかで居場所を失うという経験をすることであったりとか、壁にぶつかって、自分の力だけではそこの壁を乗り越えられないというような思いをすることって、絶対ありますよね。だから、小学生、中学生、高校生、若者のそれぞれの世代ごとの居場所づくりをして、その中で循環をつくって、育ちを支えていくということを大切にしながらやっています。

出会った子どもたち——誰と共に生きるのか？

考えるというよりか、目の前で起きていることをどうにかしなきゃいけない、どちらかっていうと突きつけられたというほうが近いかもしれないですけれども、ふれあい館で、子どもたちが、生きるしんどさであったり、生活のしんどさっていうのを伝えてくれることが結構あります。

たとえば、「僕のママが、元気になりますように」って、祈っている子どもがいました。

また、部屋にあったホワイトボードには、「お母さんが、朝の仕事をしてくれますように」なんて書いてあったり、この文の周り一面には、「健死ね、健死ね、健ハゲ、健ハゲ」ってガーって書かれていたりします。普通の児童館とかだと、そういったことをやると、大体子どもを「もう、あなたはルールを守らないから来なくていいです」と、いわゆる出禁って言うんですけれども来ることを禁止して、さようならっていうので終わってしまうことが多いんですが、それで子どもたちが来なくなったら僕たちは仕事にならないわけだし、学校とかと違って来ることにある意味強制力がないわけですよね。子どもたちが来たいと思って、来てなんぼのものの世界なんですよね。だから、そういった子どもたちのいろんな訴えとか、子どもたちのいろんな行動、そこが僕たちが子どもたちとかかわりを持つ、ある意味でスタート地点なんですよね。何かをぼそっとつぶやいてくれる子の声とかを聴くことなどを大事にしたいと思うわけです。

そして、中学生と一緒に習字をやったときとかね。「自由を求む」、「リア充討伐」とか、もう中二病的にちょっと病んでいる感じで書く子もいるのですが、「安全第一」という張り紙風に書いた子がいました。何あれみたいな感じなんですけど、でも、それはね、ずっと虐待を受けていて、そこから逃げ出してきた子の願いだったんですよ。

フィリピンのお母ちゃんがね、日本語が十分じゃないし、いろんな生活上の情報を自分の力で得ていくってなかなか難しいですよね。なので、あるフィリピンのお母さんは児童手当も受けていませんでしたし、児童扶養手当も受けていませんでした。母子世帯で、お母ちゃんはダブルワークをしながら、小学生の子どもと生活していました。そうやっていろんな給付も受けてないで生活しているから、ともかく家が経済的に回らないんですよね。

夜、仕事に行くときに、子どもはお母ちゃんに家に居てもらいたいし、一緒に寝たいんですよね。でも、お母ちゃんは、子どもにぐずられると仕事に行けない、そうなると生活ができない。それで、生活保護を受けようよっていう話をしても、やっぱりお母ちゃん、絶対に生活保護だけは受けたくないって言うんです。とにかく話し合いをすることになりました。そしたら、お母ちゃんがスーパーの大きい袋を2つ持って現れたんですよ。僕ね、それを見た瞬間ね、この袋の中のお菓子がなんのためのものだってね、やっぱり僕もいろんな経験がありますからわかりました。夜、仕事に行くときに、子どもがぐずらないように与えるお菓子なんですよね。ひと晩で、大きい袋2つ分です。お母ちゃんに、「お母ちゃん、これなんのために買ってきたかって僕はわかるよ」って言って、それでいろいろ話をしていたらお母ちゃん泣き出しましたね。それで、スマホを取り出して、留守番電話を聞かせてくれました。夜中の2時過ぎとかだったかな、小学生の子がもう大泣きをしながら、「ママ、いい子にするからお願い帰ってきて、お願い帰ってきて」っていう留守電でした。それを聴かせてくれて、泣きながら「しょうがない」って、「私、生活保護受けるわ」って決断してくれました。

また、ある子は、とっても静かな女の子でしたけれども、家の中ではもう怒りが止まらなくなってしまうんですよ。この子、この爆発したとき中3でしたけれども、中3にもなるとね、それまでの自分が生きてきた人生の恨み辛みっていうのが、もう止まらなくなってしまって、家の中での暴力が激しくなってしまったんです。それでお母さんが「助けて」って言って、僕のスマホに写真を送ってくれたんですけれども、大惨事でしたね。もう家の中ぐちゃぐちゃでした。

日本での生活はもう経済的にも破綻していて、もうこれ以上無理ということで、子どもだけでもフィリピンに帰しなさいよって言われ、子どもだけが帰らされそうになったフィリピンの女の子がいました。その子が七夕の時に、「また、みんなと過ごせますように」と願いを書いていました。夜、彼女が帰るときに、誰にも言わずにそれを掛けていって、それに偶然気づいて追いかけて話をしました。

その他にも、日本人の子どもで特別支援学級に在籍しているけど、学校では馬鹿にされ、しんどい思いをしている子や、ＬＧＢＴで社会から付けられた自分の性に違和感を持ちながらも、それを告げることができなくて心の中にギュッと閉じ込めている子もいますよね。

居場所の中で、こういう外国につながる子や、一人親世帯の子どもだったり、たくさんの子どもたちとつき合う中で、考えさせられることがあります。

共に生きるっていうことを考えるときに、ある意味当たり前なんですけれども、誰と共に生きるのかっていうことを否応なしに考えるわけです。そして、誰と誰が共に生きるのかということも大前提として考えなきゃいけなくなります。

こうした生きづらさを抱えていたりする子たちと共に生きていくということを、僕たちは大切にしているんです。けれども、僕ね、これだけはこだわりがあって、そういう困難な状況にある子ども・若者の社会的な課題を解決するために居場所づくりをするという、社会的課題が先にあるわけでなく、また、「みんなが」ではなく、「お前が」なんですよね。俺はお前と一緒に生きていきたいんだ、ということをとにかく大切にしています。

共に生きる場としての居場所

あなたと共に、生きていきたいっていうことを大切にすること。居場所って考えてみたら、要は、子どもの貧困とか外国につながるとか、障害とかＬＧＢＴって、子ども自身が付けた呼び名ではなくて、社会が付けたカテゴリーですよね。大人ってどうしてもそういう社会が付けたカテゴリーで居場所を切り取って、子ども・若者を切り取ってしまいがちなんですけれども、でも、居場所づくりに、居場所に関わっている人だったらある意味当たり前というか、わかると思うんです。子ども・若者は、そういったカテゴリーでつながるわけではないですよね。子どもたち同士が、俺はこいつとつながりあいたいんだっていうことで、自然とつながりあって生きていきますよね。つながりあいたい者同士で、つながっていくということ。そして、居場所にハマる子って、見ていて、あぁそっかって思わせることがあるんです。いやぁ、居場所を求めるのには訳があるなっていうことを、やっぱりすごく感じます。

代表的ないくつかの場面があります。例えば、毎週の水曜日にやっている「ハロハロクラブ」っていう小学生のクラブをやっていたときです。あるフィリピンの小学生なんですけれども――そのお父ちゃんが小さいときに僕が面倒を見てた、かつての子のまたさらに子なんですけれども――感情をコントロールすることが難しくて、思いを言葉にすることも、とにかく難しいし、言葉にできないと友だち同士でね、やっぱり感情が爆発しちゃうんですよね。その子は毎週、何回もギャン泣きしてしまいます。それで、気づくと隣にいる子をガーッと叩いてしまったり、腕をガーッとかぶりついたりして、もうみんなね、腕に歯形がついています。この事態、普通のところだったら、中でも保護者と信頼関係がないようなところだったら、うちの子どもが歯形つけられて帰ってきたって、すぐトラブルですよね。だけど、保護者との信頼関係があるので、クレームにはならずに保護者も心配してくれながら、温かく見守ってくれています。

でも僕ね、その子を見て今思うことがあるんです。それは、その子にはその子の育ちのスピードがあるんじゃないのかということです。今、思っているのは、いわゆる定形発達、普通の人間の成長曲線ってありますよね、ああいう定形発達に縛られるのでなく、彼には彼の育ちのスピードがあるんだって、僕はもうそれでいいっていう覚悟を決めてつき合っているんです。

その子をずっと気にかけて大切に関わってくれている、小学校4年生の東南アジアにつながる子がいるんです。その子はね、お母ちゃんがとにかく仕事をしていて、夜もずっと独りぼっちなんですよね。一人っ子で、寂しい思いをしているんです。そういう寂しい思いをしているけれども、その子はね、この間の11月のお祭りのときとかもね、彼が、ステージでフィリピンのバンブーダンスを踊るっていうので練習はしていたけれども、やっぱり人前には出られないで、ステージの前でギャン泣きして暴れちゃったんです。そうしたら、その子がね、私、彼のためにアレを買ってきてあげるって言って、自分のお小遣いでね、彼にプレゼントを買いに行ってくれたんです。こないだも彼がパニックになり、暴れてしまったときに、その子がね、「大丈夫だよ」って言って抱えてくれていましたね。そういった場面を見て、その子も本当に寂しい思いをしているんだってわかりながらも、やっぱりその4年生が2年生の子を一生懸命大切に関わってくれているということに、僕ね、これが共に生きるってことなんだなって、すごく感じさせられたんです。

まだ高校生でね、あるフィリピンにつながる子がいるんですけども、お母さんの介護の仕事の関係で、日本のある地方に突如としてやって来ました。それで、その子は、日本語理解がゼロの中、ぽつりと一人、田舎の中学校に入ったわけですが、知り合いは誰もいなかったから、今では、日本語がね、その分メッチャうまいんですよ。そして、次にお母さんの仕事の関係で、今度は地方から川崎に移ってきて、高校に入ってきたんです。彼女は、相当日本語はうまいけれども、やっぱり友だちがなかなかできなかったんです。それが、仲良くなった子ができたんです。その子は小学校、中学校、ずっと不登校だった子なんですよね。その子が高校に入って、フィリピンにつながる子と出会って仲良くなって、今ね、一緒に遊びに行ったり、プリクラを撮ってインスタに上げたりとかしているんですよね。

なんかそういった、中学校2年生でフィリピンから来た子、日本でずっと不登校だった子、カテゴリーでいうと全然関係ないですよね。でも、その子たちが出会うことによって、共に生きていくようになる。そう、居場所って共に生きる場なんだ、そして、ケアしケアされる場なんだなっていうことを痛切に感じさせられます。

当たり前を取り戻せ！

こうやって居場所の中で出会って、共に支え合って生きていくっていう、これだけ聞くと美しいストーリーですけれども、いやぁ、まあね、喧嘩は多いですね。もうどうすればいいんだろうみたいなことがしょっちゅう起きます。あいつ、うぜえ、むかつくみたいなことなんて日常茶飯事です。川崎って外国につながる子が多いから差別がないっていうイメージもありますけれども、子どもたちのなかでは当然として差別もあります。「外国人うぜえよ」みたいなことを言う子もいます。そういった中でいろんな軋轢があったりします。

考えてみると子どもたちって別にね、こういう居場所っていうところじゃなくても、普通に公園とかどこかそれぞれで集まっているわけじゃないですか。でも、僕たちがやっている居場所づくりでは、やはり、僕たち大人がその傍らにいるっていうことが違います。で、僕ね、やっぱり子どもたちからいろんなことを突きつけられたり学んだりするっていうことってたくさんありますけれども、逆に僕たち大人側から子どもたちに突きつけるっていうことがありますよね。共に生きるっていうことはどういったことなのかっていうことを、子どもたちと考えることも頻繁にあります。まあ、そのように、必ずしも美しいわけではなくて、醜さとか軋轢とかっていうのも山ほどあります。

最近の僕の居場所でのテーマでもあるんですけれども、「当たり前を取り戻せ！」がキャッチフレーズになっています。大人がつくった居場所づくりって、子どもを支援する、支援のツールとしての居場所づくりっていうところがあると思うんですけれども、ただ、なんか僕ね、支援をして、子どもたちが良くなっていくっていうことよりも、この居場所の中で、子どもたち同士が出会い、そして、出会いの中で育ちあい、力を取り戻していくっていうようなことに意義を感じます。

ある意味で、当たり前なんですけれども、今まで一人でいた子どもが、他の誰かと一緒にどこかに遊びに行ったりとかするようになるわけですよ。それで、恋愛とかもするわけなんですよ。まあ、恋愛をして、別れて、居場所に来られなくなったりするときもありますけれど…。そういった子どもたちの家のことも、僕はよく知っています。それまでは生活保護も受けなくて、家は完全に経済的困窮状態になっていたので、友だちとどこか遊びに行くなんていう余裕がないなかで暮らさざるを得ませんでした。そこからようやくね、お母ちゃん生活保護を受けるって覚悟を決めてくれて、多少経済的にも落ち着いてきて、そうすると、友だち関係もまた取り戻せるようになって、一緒に遊びに行ったりとか、恋をしたりとかそういったある意味当たり前のことができるようになってくるんですよね。

だから、僕は、支援をしてどうこうというよりかは、子どもたちのそういった当たり前を取り戻していくっていうことを、今よく見ています。なので、僕は、大人目線で支援をするっていうよりかは、「当たり前を取り戻せ運動」なんだなってことを感じています。居場所ってね、子どもたちが承認されて、ありのままの自己承認をする、安心安全で過ごせる場所ってよく言われますけれども、支援って下手すると大人が子どもに対してこうしなさいああしなさいとかね、それは駄目だよと、強制をする場になってしまう。ググッと力任せっていう感じじゃないですか。なんかそういう、ありのままにっていうことと、その子を変えようとする力っていうのは、もしかしたら、真逆のものなのかもしれないなと感じます。それで、僕たちは支援して良くして、しつけるといったことではなくて、子どもたちがありのままに過ごせる場ということを大切にするということ、だからこそ、子どもたちが居られるのかなということを感じています。

共生の前提

最近、子ども・若者の居場所づくりっていうのが公の事業に段々なってきていますよね。公の事業になってくると、どんどんどんどん成果っていうのを求められるようになっています。そして、公が求めるだけでなく、ＮＰＯが主体となって、成果指標作りっていうのが、あちこちで進んでいます。

先日、ある学習支援の成果指標づくりを目的としたアンケート調査というのがまわってきて、びっくりしました。「子どもが挨拶できるようになりましたか」とか、「規則が守れるようになりましたか」と質問がありました。

共生の前提ということを考えたときに、成果指標の中で、その成果を上げた子どもたちが、「よし」で、それを達成できなかった子どもたちは、「ダメ」っていうことではないはずですよね。僕は、共に生きる場としての居場所っていうのは、そういう成果主義を放棄をするところから始まる。成果主義を放棄するっていうところが前提になるんだっていうことを今、痛烈に感じています。

このあとヘイトスピーチの話もしようと思ったんですが、時間がなくなってしまいましたが、少しだけ話させてください。

２０１６年の川崎のヘイトデモの時のことです。桜本の若者たちは、共に生きようということ、そして共に幸せになろうといったことを訴えてました。今、こういう共に生きる、共生社会を進めていこうという取り組みも進んでいます。でも一方で、社会は、ヘイト社会に向かってもいます。ヘイトスピーチもかつては在日コリアンへのヘイトスピーチでしたが、生活保護受給者になっていったりとか、最近だと沖縄ヘイトですよね。さらに、障害のある人に対してのヘイトだったりします。

2016年の相模原（津久井やまゆり園）の事件は、私たち忘れられません。こういったヘイトに対して、2016年にはヘイトスピーチ解消法っていう法律ができたり、今、全国各地ではヘイトスピーチを規制する条例づくりっていうのがどんどん進んでいってます。ヘイトを規制するっていうことは非常に大切で必要なことなんですけれども、ただ、ヘイト、憎しみや恨みっていうのは、規制だけでは解決していきませんよね。そのヘイトの根源にあるものは何なのかって考えると、僕はやっぱりね、傷であったり、満たされなかったものの蓄積だと思うんです。そういった意味で、ヘイト社会に対して抗っていくものっていうのが、共に生きる居場所であったりもするのかなと思います。だから、こういうヘイト社会と居場所づくり、共生社会っていうのは、やっぱり対峙しながらも一歩一歩進んでいくしかないのかなと思います。ごめんなさい、ずいぶん長くなっちゃいました。ここらへんで終わりにします。

解説

柳下 換

※　以下、講座中に柳下が「前回の振り返り」として述べさせていただいたことを、解説に代えさせていただきます。したがって、柳下のまとめの回（第5章）では解説は付けません。

まずですね、この回の話に関連すると思われる言葉で、１つ補足をしておいたほうがいいかなと思った言葉がありました。それはどういう言葉かと言いますと「個体化」という言葉です。「個体化」という言葉は、そもそもは、どちらかと言えば哲学的な意味で使われる場合が多いですし、あとは生物学的な意味で使われるケースが多いんですが、社会学的な立場でたとえば個体化というふうに言ったときにどういう意味を含んでいるのかということを簡単に説明しておきたいなと思います。では、特に、この現代日本社会において個体化の問題を取り上げるときに知っておかなくちゃいけない背景としては、やはり、戦後というか近代の資本主義システムのことを少々知っておく必要があります。というのは、そのシステムが持つ力といいますか、機能によってその個体化が進むということになっていくからです。

それでは、その機能というのは何かと言いますと、これはもう本当に言い尽くされている話ではありますが、資本主義が、特に近代の資本主義が発展していくために必要な要素は２つあるというように言われます。１つは何かというと、新しい市場を開拓すること、新市場の開拓ですね。それからもう１つは、技術革新ですね。この２つが両輪となって資本主義が発展をしていくというのが、特にこれはもう一般的な話として有名だと思います。

なかでもその、新市場を開拓していくという部分が、その個体化とやはり深く関わっていると考えていただいてよいと思います。それはどういうことかと言いますと、要するに市場（マーケット）がまだまだ無限にと言いますか、どんどん広がっていけるときはよいわけですが、ある一定のところ、たとえば地球なら地球の中でもうそのパイが一杯になってしまった場合、さらなる新しい市場を開拓するにはどうしたらよいかということに関係します。こうした状況になると、当然のようにそれ以上は市場を広げることができないので、逆に市場を細分化していこうということになるわけです。わかりやすい例として話すとしたら、たとえば昔一家に一台だった電話が、今や家族4人いれば4個の携帯になるというように、市場全体を4倍に拡張するのではなく、内部を細分化することによって市場が広がったように考えさせるやり方です。このような状況は個体化の一つの現象と考えてよいと思います。

そして問題は、そうした個体化が進むとどういったことが起きるのかということなんですが……。一般的に見て社会の構造的にも、当然そうした個体化が進むと「分裂」という現象が起きてくるわけです。分裂化の現象は、何も社会構造だけでなく、人間の精神的な部分においても精神の疎外という形で現れます。地域社会などでは個体化が進むことによって、地域社会が本来持っているような共同体性が壊れていくというようにも言われています。特に戦後の日本社会の場合は、稀に見るといいますか、世界的に見ても消費文化社会化が特に進んだ国ということになりました。そうすると、他の先進国に比べても日本社会は個体化が著しく進んだ社会というように見ることができると思います。そうしますとそうした社会の中でどういったことが起きているのかと言いますと、先ほど言いましたように、様々な部分で、その分裂的な状況が生まれてきているのではないかと言われています。

あとは、その市場をさらに開拓していくというマインドに関して付け加えると、一層の経済的な発展を目指した場合、新しく細分化された新市場を作っていくということか、もしくは、既存の市場全体をリセットして上書きした新しい市場をつくるかいうようなことになるわけです。

そうすると、これは、それこそこの回の話にだんだんと関わってくるのですが、いわゆる「多様性」だとか「共生社会」というような話が出てきたときに、２つの文脈でそれらの言葉を見なければいけないのではないかということを、この回でちょっと話をしたと思います。まず１つの文脈は、今、言ったようなその多様性というものを新しい市場、細分化された新市場として見るという見方があります。特に日本の場合は、バブル経済の崩壊以降だとか、リーマンショック以降にいわゆる新自由主義という政策がとられたことによって、より一層の競争をしていこうという視点になりました。これはまさにこの回の話に出てきた成果主義の問題とかに当然関わってくるであろうと予想できます。こうした新たな市場を広げていこうとする意味での多様性という視点に対して、もう１つの視点は、そもそも世界に存在する様々な命を育んでいこうとする生きる意味（生命を守る）での多様性という見方です。このように、「多様性」という言葉にはそうした２つの意味があることを知っておく必要があるのかなというように思います。ですから、多様性だとか共生だとかと言ったときに、どういう視点でそういったことを語っているのかということは、やはり、少し注意深く見る必要があるのではないかと思っています。まさにそのことをこの回、鈴木さんが自分たちの活動に対する成果主義的なものは、一体どういう視点なのかということを、彼の違和感といいますか、直観的なもので話をしてくれました。こうした資本主義的な社会構造が、居場所の活動にも何らかの影響を及ぼしているであろうと考えられます。

最後に、この回の話を聞いて僕なりに印象として残ったものに触れておこうと思います。ただこれは、今回の講座の外に出てしまう話なのですが、いわゆるその相対主義的なものをどう考えるかという課題はあるのかなって感じがしました。それはどういうことかというと、その「多様性」だとか、「共生」だとかというもの、もしくは「多文化共生」のような考えを進めていったときに、おそらく、ある一定のところまでは当然のように相対化すること自体は必要なわけですが、ある一定のところを超えたとき、あれもこれもいいというようになっていった場合、どのようなことが起きてくるのかということについてもちょっと注意が必要なのではないのかと思ったりしました。なかなか難しい問題ですが、結果として、単純にそれが転じて絶対主義的なものへと変わっていってしまってよいものなのかどうかというような懸念もあったりします。ただ、こうした懸念は、一方ではすごく哲学的な課題の1つではあるなとも感じています。この回の講座の後に、僕が考えたことの1つがこの相対主義の問題でした。ということで、この回は鈴木さんに、居場所に関係して特にその周辺に在る「多様性」だとか、「共生」ということについていろいろと話をしていただきました。話し足りなかった部分も多々あったかとは思いますが、居場所の中にあるそういったものを見るときの大事な視点ということで、多くのヒントと言いますか新しい切り口を語っていただけたかなと感じています。

第2章

学校内居場所の意味とは？

尾崎 万里奈

「学校内居場所の意味とは？」というテーマで、私たちが現在、横浜総合高校で運営している高校内居場所カフェの取り組みから、「居場所」について考えます。

公益財団法人よこはまユースについて

私たちよこはまユースは、「すべての青少年が人とのつながりの中で成長していくことができる社会」を目指して、「さまざまな体験を通じて青少年が自ら学び育つ機会を提供することにより、未来を担う青少年の成長に寄与する」ことを理念に活動している団体です。前身は横浜ボランティア協会という団体で、平成24年に現在の公益財団法人になりました。

活動の柱となっている事業は、青少年の体験機会の提供、青少年に関わる人材育成、地域の青少年育成活動の支援・推進、調査・研究事業など、広く横浜の青少年育成活動に取り組んでいます。

今回は、学校や地域と連携したモデル事業として実施している、「高校内居場所カフェ」の取り組みをご紹介します。

わたしと「居場所づくり」

私は、よこはまユースで働きはじめて現在7年目になります。入社して2年目に横浜市西区の野毛にあった横浜市青少年交流センター（以下、交流センターという）という青少年施設に配属になりました。この施設は、「青少年の居場所づくり」を10年以上にわたって取り組んできた施設で、「ふりーふらっと野毛山」という愛称で呼ばれていました。この施設の職員時代が、私にとっては初めて仕事で「居場所づくり」に関わった経験でした。

その時まで、青少年のための公共施設があるということもほとんど知らなくて、はじめて、交流センターという施設で子どもたちと向き合って関わる経験をさせてもらいました。この施設は、小学生から中学生、高校生、大学生、働き始めた社会人も含めて、青少年は誰でもいつでも、自分の目的に応じて利用できる「居場所」として運営していました。私が職員として働いていたときには、近隣に住む小学生や中学生が毎日のように放課後や土日に遊びに来て、仲間内でなにをするでもなくダべったり、ゲームをしたり、体育館で運動したり、自由に過ごせる場所でした。

けれど、小学生が中学生になって、中学校を卒業して、地元を離れて高校に進学することになった時に、それぞれに前向きな気持ちで高校に進学したにもかかわらず、環境に馴染めずに半年ほどで退学してしまう子どもたちがいました。その子どもたちは、高校中退して交流センターに戻ってきたのですが、その次のステップをなかなか見いだせない状況が続いていました。そんな彼らと関わっている中で、「なぜ、彼らはせっかく進学した学校をやめてしまったのだろう？　もし、学校が居場所になっていたら、彼らは中退しなかったかもしれない」と、単純に思うようになりました。

そんな関わりがきっかけになって、高校へのアウトリーチに興味を持つようになりました。その後、県立田奈高校で取り組まれていた高校内居場所カフェ「ぴっかりカフェ」を知って、そういったカフェのような場所が学校の中にあったらいいなと考えるようになり、勉強会や研修に参加するようになりました。こうしたつながりの中で、横浜市立大学の高橋寛人先生から、「横浜総合高校で、こういうカフェをやりませんか？」とお声かけいただいたのが、私が高校内居場所カフェの運営に関わるようになったきっかけです。

「ようこそカフェ」とは

私たちが運営に関わっている横浜総合高校の高校内居場所カフェは、「ようこそカフェ」といいます。この店名は、カフェをはじめる前に行った生徒向けのワークショップのアンケートで生徒から提案してもらったもので、「ようこそ、横総」という文化祭のキャッチコピーから名付けられました。

「ようこそカフェ」は、だいたい週1回、水曜日のお昼12時から夕方の5時半までオープンしています。場所は、横浜総合高校の1階のフリースペースです。フリースペースは、校舎の入口から教室へ向かう廊下に面していて、生徒が授業の行き帰りに通る場所にあります。2階まで吹き抜けになっている開放的な空間で、普段も生徒がちょっとした待ち合わせなどに使うことができるのですが、水曜日の午後だけは「カフェ」として使わせてもらっています。

カフェでは、飲み物やお菓子やちょっとした軽食を無料で提供していて、「カフェ形式の交流相談の場づくり」を目的に運営しています。２０１６年度の10月にオープンして、２０１７年度・２０１８年度はどちらも年間30回、夏休みや春休みの長期休暇や学校行事と重なる日を除いて、定期的に週１回程度実施しています。

主催は横浜総合高校で、よこはまユース、ＮＰＯ法人多文化共生教育ネットワーク神奈川（ＭＥ―ｎｅｔ）、ＮＰＯ法人横浜メンタルサービスネットワークという３つの団体が、役割分担しながら協力して運営しています。また、ようこそカフェ立ち上げのきっかけとなった横浜市立大学の高橋先生が「アドバイザー」という形で関わっています。運営団体の他にも、さまざまな方が協力してくださっています。元横浜市教育委員で料理研究家の長島由佳さんが、ボランティアとして食育のプログラムを提供してくれているほか、「パルシステム神奈川ゆめコープ」や「フードバンク神奈川」からの食材提供による支援や、「おてらおやつクラブ」からのお菓子等の寄付など、多くの協力によって活動が成り立っています。

ようこそカフェ

カフェの様子を少しだけ写真でご紹介します。写真は、カフェが一番込み合っている12時頃の様子です。もともとフリースペースにおいてある机やイスに加えて、カフェ用のテーブルを出しているのですが、ランチタイムや授業終了直後はすぐに満席になってしまいます。

このカフェを実施している横浜総合高校についても簡単に説明します。横浜総合高校は、３部制・総合学科・単位制という３つの特色をもった定時制の高校です。生徒数は1000人以上のかなり大規模な学校で、教職員の人数も100人を越えます。生徒は、午前中が1部、午後が2部、夕方以降が3部というようにそれぞれの部に所属しながら、自分で科目を選び、時間割を決めることができます。例えば、昼間の時間に学びたいけれど朝起きるのが苦手という人は2部を選ぶこともできますし、昼間は仕事をしている人は3部など自分の生活スタイルによって学び方を選べることは大きな特色です。その一方で経済的な課題をかかえている生徒や小中学校の時に不登校やいじめを経験してきた生徒など、さまざまなバックグラウンドを持った生徒が通っている学校でもあります。

進路未決定や中退は、定時制高校では共通の課題ですが、横浜総合高校でも進路が決まらないままに卒業していく生徒が一定数いることが課題になっています。また、人とのコミュニケーションを苦手とする生徒も少なくなく、学校生活を通じて友人関係を築くことが難しく、孤立してしまいがちな生徒もいます。1000人の生徒が入れ替わり授業を受ける大学のようなスタイルで、生徒と教員が密にコミュニケーションをとれる時間は限られていて、課題を抱える生徒ひとりひとりの背景を把握しきれないという現状もあります。

このような生徒たちの課題に対応していくために、課題発見・支援の場づくりとして交流相談カフェがスタートしました。

カフェで出会う高校生たち

実際にカフェに来ている生徒たちは、年代もさまざまなスタッフを相手に、いろいろなことをおしゃべりしています。ほとんどは最近好きなアイドルや音楽、ゲームの話など他愛もない内容ですが、おしゃべりに交じって、「中学校まで、あんまり学校には行っていなかったんだ」と、ポツリとつぶやく生徒と出会うことは少なくありません。また、ひとり親家庭で、困ったことや相談したいことがあっても、「親には心配をかけたくない」「迷惑をかけたくない」という気持ちから家族に相談できず、誰にも言えないつらい気持ちを抱えている生徒もいます。

とはいえ、来てくれる生徒たちは「相談の場」という風にカフェを捉えているわけではなくて、あそこに行けば時間がつぶせるかな、誰かに会えるかな、おしゃべりできるかな、というちょっとした期待をもってカフェに来てくれているように感じています。

ようこそカフェがスタートして半年くらい経った頃、生徒がカフェにどんな感想を持っているのか簡単なインタビューをしてみたことがありました。「カフェができて良かった！」「お菓子が食べれるから嬉しい」という声に交じって、「自分の家よりも安心する」「カフェが唯一ほっとできる場所だから、水曜日が待ち遠しい」と言ってくれる生徒もいました。学校の先生からは、カフェがある水曜日は保健室にくる生徒が少ないと言われたこともあります。普段は保健室に居場所を求めている生徒たちが、水曜日はカフェで話をきいてもらえて、居場所になっていると言ってくれました。あるいは、授業に出る生徒の中でも、最悪の精神状態で教室にやってくる生徒が減ったような気がする、と言ってくれた先生もいました。

運営についてもうすこし詳しく説明すると、カフェの実施当日は11時頃から準備をはじめて、お昼の12時から夕方５時半までカフェをオープンしています。片付け後、参加したスタッフ全体で毎回振り返りを行い、今日あったことや気になる生徒のことを共有します。共有された中で、学校の先生としっかり情報共有した方が良いと思われることを、その日のうちにカフェ担当の先生と情報共有しています。

カフェでは、生徒と出会うキッカケづくりとして、飲み物やお菓子を提供しています。「お菓子は1回1個ずつ」を原則にしているのですが、何個かポケットに入れて持っていく子も入れば、何度もおかわりを取りに来る子もいます。「今日は朝ごはん（昼ごはん）食べたの？」と聞くと、昨日の夜から食べていない、お金をできるだけ使いたくない、食費を押さえているという生徒もいます。カフェの取り組みと生徒の現状を知った料理研究家の長島由佳さんが、子どもたちのために何かをしたい、という思いでスタートしたのが、「カラダとココロにしみる美味しいＣＯＯＫＩＮＧ！」という食育プログラムです。最初は月1回程度の不定期だったのですが、毎回行列ができるほどの人気で、２０１８年度からは毎週実施していただいています。

地域の企業経営者の集まりであるロータリークラブのメンバーから、社会貢献の一環として青少年支援をしたいという相談があった時には、実際にカフェに来ていただき、生徒とじかに話をしてもらう機会をつくりました。「将来どういう仕事に就きたいの？」という問いかけに、居酒屋のホールやスーパーのレジ打ちなど、いまのアルバイト先でやっている仕事をそのまま続けたいと答える高校生の現実的な声をきいたロータリークラブのメンバーは、高校生にもっとたくさんの選択肢を持ってもらいたいと考え、身近な環境では体験できないような本気の仕事体験をしてほしいという思いから、岩手県釜石市での漁業就業体験を企画して、実施しました。この企画がきっかけとなり、今度は福島県矢祭町の農家の方が農業体験の機会をつくってくれました。

このようにカフェをきっかけに、高校生が自分の将来について考えるきっかけづくりがスタートした例もあります。企業であったり、地域の方であったり、若者支援に関わる団体であったり、子どもたちに関心を持っている市民の方であったり、さまざまな社会資源と高校生をつなぐような場として、カフェが機能しはじめています。

居場所カフェから見えてきたもの

自己紹介でもお話ししたのですが、地域の青少年施設で「居場所づくり」に関わって、その居場所で出会った子どもの姿というのが、私にとっては居場所カフェを運営する大きな動機になっています。その一方で、あの施設で出会った子どもたちは、ある意味では戻ってこれる、学校を離れても行くことができる居場所があったと言えますが、ほとんどの子どもにとっては学校以外の選択肢は思いつきもしないとも思っています。自分が中高生だった頃を振り返ってもそうです。そういった子どもたちは「学校に行きたくない」と思ったとしても学校を選ぶことになりますし、彼らとは学校の中でなければ出会えません。地域の施設で待っていても出会うことは難しいです。「学校」という場だからこそ出会える青少年がいて、その人たちとつながるための仕組みとして生まれてきたのが、学校内居場所カフェなのではないかと考えています。

つまり、学校内居場所カフェは、適応指導的な子どもたちに「学校に来てもらう仕組み」というよりは、「学校でしかつながれない子どもたちと出会うための仕組み」なのです。青少年と出会うために、「学校」という場所を選んでいるという感覚です。そして、無料の食べ物や飲み物、話し相手・相談相手になるスタッフの存在は、子どもたちとつながるための手段なのかなと思っています。出会ってはじめて関わることができるようになりますし、関わってはじめてその人の背景や課題が見えてくると思います。

実際にカフェで高校生と関わっているなかで、聞こえてきた声をいくつかご紹介します。

例えば、ある生徒は、学校に来ても話し相手がいない、つまらないと言っていました。「つまらない」だけならいいのですが、「つまらないから辞めたい」になっていくこともあります。家族との折り合いが悪くて家にはできるだけ居たくない、という生徒もいました。ステップファミリーのなかで、家には居場所がないと感じている生徒、家では家事や育児、介護の担い手になっていて、カフェだけがほっと一息つける場所になっていると話してくれた生徒もいます。高校卒業後は自立するように親から言われて、家探しをしていると話してくれた生徒もいました。早く家を出たい、進学したいけどお金がないという話を聞くことも多いです。

基本的には雑談というか、「おしゃべり」です。１対１で個別の相談をしましょう、といって話を聞くことはあまり多くありません。どちらかと言えば、カフェの一角で、ひとが行き交うなかで、生徒とスタッフと話し込んでいる姿があって、こうした「おしゃべり」から生徒が直面している課題を知ることが多いです。

２０１７年にカフェを立ち上げた当初は、横浜市立大学の「教員地域貢献活動支援事業」の助成を受けていました。その助成事業の報告書の中で、運営団体のひとつ「横浜メンタルサービスネットワーク」の鈴木弘美さんが書いていらしたことが、とても的を射ていると思うのでご紹介させていただきます。

カフェで高校生が話していることを整理すると、「家族」「学業」「進路」「友人関係」に大きく分類することができて、その内容は文科省が調査した高校生の長期欠席・中退の理由と一致しているそうです。カフェのような場で、雑談の中で話せるようなこと、ちょっとした悩みや愚痴の中に、長期欠席や中退の潜在的なリスクがあると言えます。そしてカフェで話されることの大半は支援を必要とする「相談」とまではいかないけれど、悩みや愚痴を吐き出せる場があること、話を聞いてくれる人がいることによって、その高校生自身が自らの課題を整理し、自己解決に向かっていける力を育む場になっていると分析してくれています。詳しくは、報告書をお読みいただければと思います。

もうひとつ、カフェの役割と感じるのは、学校のなかで、学校生活への不満を吐き出せる場所であるということです。先生や授業の好き嫌いという話なのですが、その話ができる場所は学校の中でも限られているのかなと感じます。「あの先生好きじゃない」という言葉の裏には、その先生の授業の進め方が自分にとってはわかりにくいといった理由が隠れていることもあります。不満を言えることによって、学校の中の「当たり前」を別の視点から相対化する機能も、学校内居場所カフェにはあるのかなと感じています。

居場所の姿

私自身は、学校内居場所カフェの取り組みを通して、子ども・若者にとっての「居場所」と大人や社会がつくって提供する「居場所」は、イコールではないと改めて思うようになりました。共通する部分ももちろんいっぱいあると思いますが、基本的には別物だと思うようにしています。子どもにとってはー人で自由に過ごせる場所が、「居場所」だと思っているかもしれませんし、でも、大人は、色々な体験をして人と関わって、その関わりの中で成長してほしいという考えから「居場所」を設計することもあると思うんです。どちらが正しいということではなく、そこにはギャップがあるという前提で、子ども・若者と出会い、つながって、関わっていくためにはどうしたらいいんだろう？と試行錯誤する中で、「居場所づくり」ということを進めていければいいのかなと思います。人と関わることが楽しいと思えば、そういう場所に行ってもいいし、一人で居たければ一人で居てもいい、行きたくなかったら行かなくてもいい、というように、自分で選べることがとても大事なんだろうと思っています。そして、その「居場所」の中では、人との関わりから生まれる人間関係の摩擦や居心地の悪さ、孤独というものもあっていいんじゃないかなと思っています。

カフェのスタッフ

もうひとつ、「居場所」で出会う子ども・若者との関わり方は、「居場所」をめぐる議論のテーマのひとつだと思うのですが、「とにかく話を聞こう」というようなものであっても、関わり方を事前に決めていくと、そのことを相手に見抜かれているような気がします。

ひとりひとり、考え方もコミュニケーションのスタンスも違うなかで、出会って、話を聞いて、その人を知ってはじめて、関わり方も見えてくるのではないかと感じます。

ようこそカフェには、青少年育成や若者支援の団体職員や専門の相談スタッフ、大学生から社会人までさまざまな人材がいるのですが、生徒とスタッフの関わりを一歩引いたところから見てみると、関わり方のスタンスや深さは人それぞれ違っています。

この生徒とこのスタッフはすごく話が合うとか、この人とこの人はあまり合わないとか、色々な関係性がカフェの中でもあって、お互いに共感している部分がある人同士は関係が深まっていくように思います。高校生と大学生は年齢が近いこともあって共感しやすいと思いますが、親子ほど年齢が離れていても、その人が自分に共感してくれる、共感をもって関わってくれる人であれば、信頼して心を開けるということがあると思います。

課題解決の視点から考えると必要なのは「支援者」なのですが、子ども・若者が求めているのは、共感する人、共感しながら関わってくれる人ではないかと思います。そして、この共感から生まれてくる関係性には「終わり」がありません。この目標に向けて支援する、というような「終わり」はなく、そこで生まれた関係性が続いていくなかで、結果として必要な支援につながるということなのかなと思います。その関わりのなかで、その人が何を求めているのか、いつ、どんな風に関わったらいいのかと考えながら、今度はこうしてみようと色々なやり方を試して、実践していくことが、学校内居場所カフェのような「居場所」だからこそできる関わり方なのではないでしょうか。

学校内居場所の意味とは

「学校内居場所カフェ」の意味について、まだ「これ」という答えはないのですが、やはり、「学校でしか出会えない子ども・若者と出会い、つながる仕組み」なのかなと思っています。そして、年代や価値観の異なる人と出会える場づくり、社会とつなぐ場づくりでもあります。

そして、もうひとつが、卒業や中退や休学など学校を離れるタイミングで、学校でしかつながれなかった青少年を、地域の「居場所」や施設といったさまざまな社会資源とつなぐことで、つながりを持ち続けるというスタート地点に立てるのかなと思います。

ちょうど今週の水曜日が、今年度最後のようこそカフェでした。今年度で卒業する生徒にとっては最後のカフェです。いつも準備や片付けを手伝ってくれていた生徒が、最後の最後まで手伝ってくれたことや、「卒業しても絶対カフェには毎週来るから！」と宣言していった生徒、「3年間ありがとうございました」と律義に握手を求めてきた生徒、「進学先の専門学校にもカフェつくってほしい！」という声もありました。

学校内居場所カフェが、生徒にとって「居場所」になっているかどうかは、私には応えられないのですが、そんな彼らの声を聞いて、彼らが求めていた何かが、カフェにもあったのではないかと思っています。

長くなりましたが、以上です。どうもありがとうございました。

解説

柳下 換

この回の話というのは、学校の中に居場所をつくることの意味について、みなさんと討論をいくつかしたと思います。特に、学校内における居場所というものを考えるにあたっては、どうしても学校とはどういうものかということを少し整理する必要があったと思います。その結果、いろいろな見方があるわけですが、まず１つは、学校という場所がもしかしたら強力な規律化を進めるような場所であり、もっと言い方を変えれば、学校が主体と言ってるものを刷り込む、つまり、主体化をするような場所になっているのではないかという話だったと思います。

それに対してそういった場所に、居場所があるということがどういう意味を持つかというと、失ってしまった子どもたちの主体的な意識だとかを、取り戻すような場所になっているのではないのかということだと思います。このことをもっと簡単な言い方にすると、子どもたちの「自由」を取り戻すということにつながっていくのではないかというイメージを持つと思います。

「自由」とは何かという話をすると、それはそれでまた大変なのでちょっと置いておいて……。そういう話のなかで、この回で質問をさせていただいたカードの回答をいくつか読ませていただくと、多くの方々がやはり無理して学校の方に出るのではなく、居場所に一日居てもいいよと言ったほうがよいのではないかというように応えられていました。それを読んで、やはり、すごく安心したというか、先ほど言いましたように、そもそも居場所が、学校の補完の場所ではなくて、むしろ、そういう子どもたちの主体的な意識だとか、自由だとかを取り戻すような機能を持つものになっているのではないかというような感想を持ちました。

そのことはもしかしたら、最終的にはそうした発想というのが必要になってくるのかもしれないのですが、当初は、この回の話だと、学校の中に居場所があるというイメージで捉えていましたが、実は、もしかしたら居場所の中に学校があるというように見たほうがわかりやすいのではないか、という感想も持ちました。

あと少し言葉の説明で注意が必要だなと思ったのは、第1回の「多様性」だとか「共生」とかという言葉と同様に、たとえば「選択」という言葉についても少し注意が必要なのではないかと思いました。特に第1回、2回でもちょっと話をしましたが、日本において新自由主義的な政策が強まった以降において、「選択」という言葉は、自己決定権だとかそういったものを尊重するというような意味の他に、一方でその政策的な意味の中では、「選択の自由」であるだとか、「競争の自由」だとか、また、それには「自己責任」という言葉が一緒にくっついてきますけれども、そういう経済政策的な意味で、「選択」という言葉を使う傾向が強まったということを知っておく必要があるのではないかと思いました。

第3章 もう一つの学び

西野 博之

みなさんこんばんは。どの話から行こうかな、今、冒頭の話（第2章解説）を聞いていて、外の風が学校の中に入ることに意味があると思っていたので、学校の中にカフェがあるっていう大阪の取り組みを見たときに、いい取り組みだなと思いました。学校の中を支配している価値観に対して民間、外側からの違う風や価値観が入ってきて、少しその中にホッとできる子どもたちが居られたらいいのかなって思ったりしています。

フリースペースたまりば

私は何者かっていうと、なんらかの理由で学校の中に自分の居場所を見つけにくくなった子、不登校と呼ばれる子たちの居場所づくりに33年前から関わってきた人間です。

「フリースペースたまりば」という場所を28年前に始めました。それは、多摩川の川辺の六畳・四畳半のアパートで始めたので、子どもたちと毎日遊んだ、多摩川、多摩ＲＩＶＥＲの名前をもらって「たまりば」という名前になったんですが。学校外で育ち学ぶ場づくりをやってきました。

6歳のシュン君という男の子と出会いがきっかけです。学校に入るのを楽しみにしていたのに、ゴールデンウィーク明けにもう学校に行けなくなっちゃった。学校に行こうとするとお腹が痛くて、足がもつれて倒れちゃう。みんなは、2年生、3年生、4年生と進級し、中学、高校と進学していくんだろうけど、一段目の階段を踏み外しちゃったと思ったシュン君が、目にいっぱい涙をためて「僕もう大人になれない」って訴えを出すんですね。この話はもしかしたらこの前に出した本『居場所づくりの原動力』の中に出てくるかもしれませんね。僕が活動を始めたのは、このシュン君との出会いが大きかった。学校というところに行けなくなっちゃうと、もう学ぶことができないと思わされてしまう子どもたち。学校以外の選択肢が見えないんですよね。

もう1件は、中2のマユミがお母さんの無理心中に巻き込まれた話。布団を被って泣いてばっかりいるマユミに対して、お母さんが布団をはがしにくる、「いい加減にしなさい。もう、何君も何ちゃんだって、学校行ってるんだから、早く行きなさい」って布団をはがされるんだけど、どうしても出てこれない。お母さんが「はぁ、どこで私、子育て失敗しちゃったのかしら」って呟くんですよね。その声をマユミは聞き漏らしてない。「私って失敗作なの、お母さんを困らせてる駄目な子なの、私なんか生まれてこないほうがよかったの」っていうスイッチが入っちゃったら、余計動けなくなった。お母さんは、お父さんに救いを求めて、あんたからも話をしてちょうだいって言う。夫は娘に話をしてくれると思いきや、妻に攻撃を向けた。「馬鹿野郎、なんでこいつは学校にも行けない、こんな情けない子になったんだ。お前が甘やかすからだ、みんなお前が悪い」。

当時、30年以上前の日本社会。お舅さんお姑もこのお嫁さんを責めました。「うちの子みんな学校に行ったのに、孫が学校に行けないなんていうのは、それは嫁が悪いに決まってるだろ。嫁の血が悪いんだ、我が家の血が汚れた」って言ったんだよね。聞き捨てならない酷い言葉を浴びせられたお母さんが、子どもを道連れに無理心中事件を起こしました。辛うじて、この親子、命を取り留めます。「たまりば」という法人は、もう15周年記念祭、20周年記念祭、25周年記念祭も終わりましたけど、この周年行事のときにマユミに会えました。「久しぶりだね、お前どうしてた。その後、なんとかやってたか」って言ったら、「うん、なんとかやってた」。結局あの後、都内の私立大学の大学院を卒業して、今、法律事務所で働いてるって言ったんですよね。あのとき死なないでよかった、殺されないでよかった。再会を祝いました。

「いのち」の重さ

冒頭この話をするつもりはなかったけど、みなさんのお顔を見ながら、ふとやはりここから始めてしまったのは、学びの背景にある「いのち」のことを共有したいからです。たかが不登校なんですよ、たかが学校なんですよ。学校と「いのち」を天秤にかけて誰だって「いのち」のほうが重いって言うに決まってる。だけどこの社会はなかなかそうはいかない。たかが学校に行けないだけで子どもは「いのち」を落とします。去年発表でその前年、小中高校生が357人自ら「いのち」を絶ってますよね。しかも（夏休みの後）学校が始まる9月1日に、多くの子どもが「いのち」を絶ちますね。9月1日問題。

3年前に国が発表した、9月1日、学校が始まる日に子どもが「いのち」を落とす。断トツで跳ね上がりますね、自死の数が。だからこの3年間、私はマスコミに追われっぱなしでした。去年もテレビに何本か出ましたけど、NHKの「あさイチ」や「ウワサの保護者会」、「視点・論点」、いろんな番組で「いのち」のことを語ってきました。でも、子どもの自死が止められない社会じゃないですか。357人っていうことは、毎日1人日本のどこかで子どもが「いのち」を絶っている。生きてていいと思えない、生きていたいと思えない、夢を見れない、そんな社会をつくっている。今回は「居場所を考える5回シリーズ」だと聞きました。今、学校の中に居場所うんぬんという話があって。もう本当に生きづらさを抱えた子どもや、若者が、この私が生きていていいよね、価値あるよね、大丈夫だよね、こんな私でも、人の役に立つよねって出しているSOSを、誰がしっかりとキャッチしてくれて、「大丈夫」だよっていうメッセージをどうやって伝えていけるのか。それがこの居場所の問題であろうと思います。

子どもの権利条例

今日は私に課せられたのは、「もう一つの学び」というテーマです。私の取り組み、「子ども夢パーク」や「えん」の取り組みをまず語ってほしいということだったので、ちょっと今日は急ぎ足になりますが語っていきます。

川崎では、子どもの権利条約から条例をつくることになったのが1998年、私は調査研究委員会の世話人の一人としてこの子ども権利条例づくりに関わります。行政会議としては珍しく2年間に2000回の会議と集会っていう、かつて例がないほどたくさんの会議・集会を開いて、2000年12月の市議会で満場一致で採択されます。子どもを権利の主体である一人の人間として尊重する。子どもと大人は社会を構成するパートナーと位置付けました。基本的に、この２つがしっかり守られていれば、子どもはいきいきと生きていける。学校問題をずっと考えてくると、人権という視点が学校の中にしっかり位置づいてるかどうか。子どもを権利主体としてちゃんと見ているかどうか、未熟な存在として、まだまだできそこないとして見ている大人たちによって、教育されているんじゃないのか。この問題は、大きなテーマになる問題だと思います。

川崎の子ども権利条例は、７つの人間としての大切な権利を規定しました。そして第27条に苦労した条文が入ります。「子どもの居場所」です。「子どもには、ありのままの自分でいること、休息して自分を取り戻すこと、自由に遊び、若しくは活動すること又は安心して人間関係をつくり合うことができる場所（以下「居場所」という。）が大切であることを考慮し、市は、居場所についての考え方の普及並びに居場所の確保及びその存続に努めるものとする。」。条文の中に位置付かせようとしたら、苦労した結果これがやっとでした。法制局が辛うじて成文化してくれた条文がこの言葉です。もちろん、私たちが言っている居場所というのは、こういった場所という言葉だけで括ることができないものですけれどね。それでもこの条文が入ったことで、一般に居場所を考えるきっかけにはなったのではないかと思いますね。ありのままの自分でいる。休息して自分を取り戻す。自由に遊ぶ、もしくは活動する。安心して人間関係をつくり上げていく。条例づくりの中で見えてきたたくさんの課題がありますが、ここで語るにはちょっと時間が足りないです。

子どもたちがすごくストレスを溜めている。不登校の子どもたちが行ける場所として、公的施設が足りないじゃないか。当時、川崎で１３００人、不登校の子どもたちがいた。適応指導教室と言われる「ゆうゆう広場」は、公設公営の場所としては3箇所しかないじゃないか。１施設30人としても90人しかキャパがないじゃないか。１３００人の不登校の子どもたちにあまり対応できていない。いったい行政は、公的機関としてこれでいいのかっていうことが条例づくりで浮かび上がる。しかも、その適応指導教室と呼ばれるところには、障害の診断名がついた子は原則受け入れない。私は、何回も神奈川県の適応指導教室会議に出ていましたけど、「いやぁ、発達障害は無理ですよね。専門家じゃないんですから見られませんよ」って、15年ぐらい前の適応指導教室会議では、それは当たり前に言われていました。今は発達障害を受け入れないと言ったら本当にどうするのと思うくらい、不登校の子たちの背景に発達障害の背景がある子がたくさんいますよね。私たちの場所は、その他に統合失調症の人でも鬱病の人でも受け入れます。でも、統合失調症の人を受け入れてる適応指導教室は全国を探しても少ないでしょうね、精神疾患は、受け入れない所が多い。私たちの場所は、食事の介助が必要な筋ジストロフィーの中学生と、やはり食事の介助が必要な水頭症の高校生というように、車椅子の子が2人います。多くの場所で、そういった人は特別な支援の場所に行ってくださいと言われ、やはり受け入れない。ところが私たちの場所では、フリースペースという居場所の在り方として、異年齢で、いろいろな多様な背景を持つ人が混ざると、子どもは安心して安全で豊かに育つと考えているので、意識してインクルーシブな場をつくっています。一般的な場所では、同質・同年齢で比べられるから、子どもはこんなにも生きにくいんですよね。私たちの場所では、異質・異年齢が混ざって、カオスのような状態をつくりだすんですね。そうすると、子どもの元気が生み出されやすくなる。もちろんカオスが苦手な子だっていますよね。だけど、居場所を考えるときの大事なことの１つに、正し過ぎない、きれい過ぎないみたいなね、そんな目線も必要になってくるかなって思います。

子ども夢パーク・フリースペースえん

条例を具現化するためにどのような子どもの居場所をつくろうか。教育委員会の中の生涯学習推進課が旗を振るんですね。ここに大きな意味があります、なぜか？　教育を学校教育部指導課だけのものと勘違いする社会がいつのまに広がったのか、教育には「学校教育」と「社会教育」が当たり前にあるわけですよね。その社会教育が、とても軽んじられる社会になっている。私たちは、生涯学習推進課が旗を振るという形でつくりはじめた不登校対策施設です。これが全国的に珍しく注目されるようになりました。「子ども夢パーク」というのは、子ども主体のワークショップを取り入れて、子どもと一緒につくってきました。工場跡地を子どもたちと歩き、学校の体育館に全市の小中高生が集まって何グループにも分かれ、どんな居場所をつくりたいか、模型までつくって自分たちでつくってきた場所です。しかもこの中に、不登校児童・生徒の居場所もつくろうという政策課題を伴ってつくりはじめました。

なので、夢パークを整備する部会と、夢パークの中に不登校の子どもたちの学びと育ちの場をつくる部会、２つに分かれました。教育委員会の指導課も、生涯学習推進課も、人権・共生教育担当も、いろんな担当が入ってですね、市民局の子どもの人権担当も入って、この不登校の子どもたちの居場所づくりがスタートするわけですね。子どもたちからヒアリングしたり、アンケートを取ってですね、

「どんな施設をつくってほしい」「どんな施設がつくられたら迷惑」か、そのあたりを聞きました。そもそも教育委員会が不登校の子の話を聞けるのか、教育委員会がダイレクトにアンケートを送りつけて、「こんな不登校施設をつくります、皆さんの意見を聞かせてください」って言ったら、「なんで家にこんなアンケートを送ってきたんだ」って親たちが怒る。だから市は、民間の私たちに依託を出しました。私たちが受託して、まだ任意団体だった「フリースペースたまりば」が、不登校の子ども本人と親御さんたちの声を聞いてつくったのが、「フリースペースえん」です。

夢パークの中にどんなフリースペースをつくるか、この時、スタートの時点で不登校協議会を立ち上げるんです。簡単に言っておくとね、これは生涯学習推進課の職員のレジュメの文言ですよ、「いつでもどこでも誰でも学べる学校教育以外での学習権の保障」。つまり、これから教育委員会が、この施設の中でつくろうとしているのは学校復帰にこだわらない生涯学習の視点に立った、無料で通える不登校児童生徒のための学校外の居場所、学び場――こういう思いでつくってきたのが私たちの「フリースペースえん」なんです。

教育っていうと、もう学校教育とみんなが連想してしまう。でもそもそも、川崎市は、子どもの権利条例づくりを所管したのが生涯学習推進課でした。「フリースペースえん」をつくるために、不登校協議会をつくって話し合いをしていたのですが、会議をやっているときに学校教育部指導課はあまり熱心じゃなかったんです。こんな場所いらない。適応指導教室があれば十分だっていう空気が、ぷんぷんと匂っていた。だから、会議がどこまでもまとまらない。最後決別するんじゃないかというときに、指導課長が立ち上がります。そこでこのような話をされたんです。「本来であれば、一人でも多くの子どもが、学校に戻ってほしい。それは学校教育部指導課として、当たり前のことである。だが、学校に戻りたくても戻れない子どもたちが１３００人もいる中で、その子たちの学校外での学びを保障すること、これは権利条例を持った川崎市として取り組まなければならないことだ。だから夢パークの中に、こういった学校外の学びの場であるフリースペースを用意していきましょう」って、指導課長が言ったことでみんな一気に流れがまとまりましたね。

そういう経緯もあってできてきたのがこの夢パークと「えん」です。１万平米（３０００坪）の敷地を使っています。ここを使って遊び場と建物がある。写真で見ていただきましょう。これが外観。これがプレーパークエリアですね。全天候スポーツ広場。学校に居場所を見つけられない子たちは、ここで朝９時から夜９時まで自由にスポーツができます。もちろんタダです。夜は照明もつきますね。ラケット、ボールも貸し出します。放課後は、学校帰りの子どもたちがやってきます。そこで混ざり合って一緒に遊んだり、喧嘩したりして、社会的なスキルを高めていきますね。

それから、子どもたちが「ごろり」と名づけた部屋は、飲食もできる、ゲームもできる、寝っ転がってても怒られない。子どもが怠惰にだらしなく自由に過ごせる空間です。ここは年に3回、ロックフェスティバルのライブ会場にもなります。音楽スタジオも２つ無料で使えます。乳幼児親子の部屋もあります。夢パークは年間およそ９万人の利用者があります。過去14年間で、１００万人以上の人が利用しました。

これをスタッフ体制としては、「子ども夢パーク」10人、「フリースペースえん」10人の体制で運営しています。原則、子ども夢パークは毎日朝９時から夜21時まで開いていて休みがないですね。朝９

時から夜21時まで開所。お休みは、月1回の施設点検日と年末年始だけ。「フリースペースえん」は月曜から金曜日までの午前10時半から夜18時まで。火曜日は会議や、保護者会があるので14時まで開室しています。教育委員会の施設として始まりましたが、4年前に起きた中1殺害事件後、「こども未来局」というのが川崎市の中に再編成されます。この中の「子ども権利担当」の所管へと変わっています。これを我々NPOと、公益財団法人が共同運営事業体を組んで管理運営をしています。私が所長を努めて13年目になりますけども、5年に一度のプロポーザルで選ばれ指定管理施設として3期目を私たちが迎えています。

プレーパーク（冒険遊び場）の毎日

特徴としては、プレーパーク（冒険遊び場）があること、同じ敷地内に不登校の子どもたちの居場所・フリースペースえんがあること。学びっていうものの中に、実は、私たちが大きく提起しておきたいのは「遊び」の要素が含まれているということですね。言い方を変えると「遊び」の中から学ぶということ。「遊び」を通して学ぶ。私たちNPOの理事に天野秀昭という日本で最初のプレーリーダーがいますが、彼は「教育」に対して「遊育」という言葉をつくりましたね。遊び育つ。ストレスを溜めている子どもたちが、「やってみたい」ということに挑戦できる、禁止をもたない遊び場をつくろう。木に登りたいんだから登らせてよ、運悪く足を滑らせて骨折しちゃった、しょうがないじゃん俺がやりたかったんだもん。「怪我と弁当は自分持ち」。自分で責任とるからさ、自由に遊ばせてよ。自分の責任で自由に遊ぶ。つまり、あんたたちのせいにしないから禁止にしないでよ、やりたいことやらせてよっていう、その声を基につくった教育委員会の施設です。

子どもたちがなんでもやってみたいことに挑戦できる環境を用意しています。子どもの発想で自由に遊ぶ。遊びっていうのは自由な発想じゃなきゃいけないと思います。遊びを教えましょうとか、プログラミングして、はい、これで遊びましょうなんていうのを私たちは遊びというふうに呼んでないんですね。穴を掘りたければ掘りっぱなしで帰っていい、遊びの続きは明日もできるんですね。マニュアルも評価もいらない。子どもたちが遊びと暮らしの主体を取り戻す。消費者ではなく生産者に。

プレーパーク

飯を炊くだとか風呂を沸かすだとか、買い物するだとか洗濯するだとか、そういった暮らしの中で役割を持っていた時代、子どもは、ここまで自己肯定感を下げないですんでいました。子どもたちが暮らしの主体からその主体を奪われ、役割を持てることがなく、遊びだって高価なゲーム機器を使って遊ぶことになって、消費者の役割しか持てなくなって子どもがどんどんどんどん元気を失っていきます。

私たちは遊具そのものも作り出す。つまり、危ないからやめなさいじゃなくて、こういう肥後守（ひごのかみ）みたいなナイフだって貸し出しますね。工具ボックスがあって、自由に幼児の頃から工具が使えます。薪割りをします。ナタでもまさかりでも使えます。人類は火と道具を使って成長発達してきたのに、火と道具を奪う社会になりました。生きていく力が奪われていった社会ですね。学びっていうのはもう一回、私たちが生きるっていう原点に立ち帰って、私たちはここで火起こしができる環境を用意している。幼児がマッチと新聞紙だけ渡される、マッチと新聞紙で何もできないですね。マッチと新聞を使っても火が起きないでべそをかいて帰ります。この女の子の真剣な眼差しを見てください。どうやったら火がつくんだろうか、男の子が新聞を丸めた、その上にまきを組み立てておいている、あっ、こうやったら風が入って火が起きるんだ。これはものすごく大きな学びですよね。こういったことを全部インターネットだとか本で学ぶ、机の前に座って、先生が一方通行で教えるような学びではなくて、暮らしの中から遊びや生活体験を通して学びを獲得していくということが、とっても大切なんですね。3時間がかかってやっと火がついたら嬉しくなっちゃって、なんか焼く物ないのかって言って、焼けてるせんべいを焼いて食べてるんだね。これは焼かなくていいのにね（笑）。

ホースの先をつまめば水の形が変わるっていうことを、面白いっていう遊びから学びますね。こうやって水と泥で遊ぶ。子どもにとっては遊ぶっていうのは生きることそのもの、息をするように食事を摂るように、遊ぶことを通して心と体の栄養を吸収していく。なのにね、去年起きた船戸結愛ちゃん5歳の虐待死事件。「遊ぶってアホみたいだからやめるので、もう絶対絶対やらないからね」っていう反省文のようなことをひら仮名練習帳に書いて死んでいった。「きれいな字を書け、みっともねえ、しっかり書け」と毎朝4時に起こされてひら仮名の練習をさせられていた。小さい頃から、しっかりしろ、正しくあれ、そういう風に親から虐待されて「いのち」を落としていくんです。遊ぶっていうことは基本的に生きることそのものなんだ。ここでは、こんな風に全身泥んこになって遊んでいます。この写真、もし顔にも泥がついていたら、どこに顔があるかもわからなくてもう踏まれちゃっているかもしれないですよね。実は学びってここにいっぱい詰まってます。本当に、水がどうやって流れるか、なんで土に穴があいてるか、この土の穴の下にはどんな生き物がいるのか、「センス・オブ・ワンダー」、いろんな不思議に子どもたちは遊びを通して出会いながら学んでいきます。

この写真を見てください。（全身泥んこの写真を見ながら）もうこうなったら親も諦めるしかないですね（笑）。誰が洗濯するんだーって悲鳴が聞こえてきそう。子どもたちは着替えを持って遊びに来ます。でも泥遊びなどで五感を使って遊ぶことを通じて、この快・不快を自分の中でしっかりと手に入れるということは、実は生きていく上で大きな力になるわけです。ＡＩ（人工知能）が人間の知能を超えるって、もうこれは欧米の学者が発表して、今から10年から30年以内に明らかに社会が変わっていく、大きく社会が変わろうとしている転換点ですよね。もうほとんど「OK Google」で、いろんなことを機械が教えてくれる時代になりました。私たちは今まで一生懸命暗記して、それを再生できる力をテストされてきた。でも、今では暗記で子どもの学力を測る時代ではない。なぜならば、ボタンを押して、「OK Google」に「何々は何年ですか」、「何々はどうやって作るの」、「何々は何でできてるの」、と聞けばすぐに日本語で答えてくれる。車の自動運転なんて夢のまた夢だと思っていたら、もう実用化にきている。今年の正月にテレビを見ていたら、山を登っていく車が開発されたのをやってましたね。足がビョーンと伸びて、蜘蛛の足のように、蟹の足のようにして、車の車体を持ち上げて山を登ってる画像が映し出されました。私の小学生の頃、『マッハＧｏＧｏＧｏ』という漫画を見て、「えっ、車が空を、上を飛ぶように走っていくの」、とか言っていた時代にどんどん近づいていますよね。水陸両用車なんてもう当たり前にあるもんね。つまり、もう人工知能が私たちの知能を超えるのは避けられないのかもしれない。だから、私たちのフリースペースにも、経産省などから最近アンケートがきてますよね。どんな力が必要なんだろうか、コンピューターがすべてのことを担えるようになってきたら、むしろ、コンピューターに対して発問する力を身につけなきゃいけないんじゃないかって問われている。そういう時代になってきた。だからもう、学歴社会も崩れるかもしれない。いい大学30年経ったら、今ある現存の仕事の６割、７割はなくなるっていう予想が出ていますよね。いい大学に入っていい会社に入って、そして未来が安定するなんていう時代から、パソコンを使いこなせる子どもたちが、今、東南アジアの貧困地域からでも、パソコンを使い英語をマスターしたら、無料でインターネットで出てくる学者の論文を読み込んで、アメリカの大学に入っていけるような時代になってきた。もう日本のような、知識の修得をベースにした旧来の受験勉強で、頑張って東大に入りましたって言っても、世界の中で通用する力として位置付くのかどうか……。

「学び」の本質

学びってなんでしょうね。私たちは遊びが育む力として、今はやりの「非認知能力」を高めるっていうことに注目しています。つまり、数値化されない力、人間として生きていく上で必要な力を育んでいく。これは遊びが持っている力ですよね。目標に向かって頑張る力と、人とうまく関わる力と、感情のコントロールができる力。こういったものって、実は数値化されない力じゃないですか。私たちは、夢パークの中にあるフリースペースの活動を通して、こういった非認知能力を高めるっていうことを大切にしています。遊具は全部自分たちで作る。大きなハンモックやウォータースライダーも作っています。多くの公的機関の遊具っていうのは、プロの施工業者に設計させて、プロが施工するというのが当たり前になっている。でも、私たちは自分の力で遊具を作るっていう、人間が持っている力をもう一回点検しようよということにしました。今、お見せしたウォータースライダーの床を張ったのは不登校の子たちですよ。学校に行ってない、自信が持てない。だけど1年間に9万人遊ぶこんな遊具を、学校に行っている子も行ってない子も混ざって一緒に作る。作った子たちの自信ったらすごいでしょ。あれは俺が作ったんだよ。これが過去15年間に倒れて怪我をしたなんていう事故は一件も起きてないですね。地域には大工の元棟梁だったおっちゃんとかね、そういう人たちが必ずいる。そういった人たちの力を借りて子どもたちは学ぶんですよ。学校の教科書から学ぶんじゃない。地域に暮らしている様々な職業のいろんな年齢の人たちから、自分が必要な知識を学び取るんですよ。でも、この写真のように調子に乗って、まとまって滑り下りたりするから怪我はします。ちっちゃな怪我をする人はしょっちゅういます。怪我をして自分で気づくんだね、あぁ、今度から気をつけようって、こんなに調子に乗って4人もいっぺんに滑ったら下でぶつかっちゃうんだ。こういう失敗から学ぶ、これも大事なことですね。

遊具の修理だって自分たちの手でやるんです。子どもたちが遊具を修理している様子を見たユニセフの視察団が言いました。川崎市は、権利条約から条例をつくり、子どもの居場所をつくり、その子どもの居場所・遊び場を子どもたちが自分たちで管理運営している。こういった遊具の修復までを子どもたちと一緒にやっている。これはまさにユニセフが提唱する「Child Friendly Cities」、「子どもにやさしいまち」のモデル例だと。そして、私はユニセフを通じて、海外で講演する機会も与えられるようになりました。

この家だって、裏山の部分にこの子が勝手に作ったんですよ。廃材を使ってね、自由に家を建てます。つまり遊びながら学んでるんですね。こういった建設の力、これはびっくりするほど力を持っています。この2階に10人登ってもびくともしない構造になっています。それは夢パークの、「こどもゆめ横丁」っていう遊びのイベントを通してこの少女が手に入れた力ですね。自分で家を建てられるようになったらすごい力になります。私たちが活動の中でとても大事にしていることは、「安心して失敗できる環境を用意する」ということです。今の学校教育の中で失敗が許されないと思ったら、みんなの前で恥をかかされると思ったら、点数で比べられると思ったら、子どもたちが学びに向かっていく意欲を失わされますね、いっぱい失敗していいんだよ、「今、失敗しないでいつ失敗するの」っていう空気感が充満している学びの環境をつくってあげれば、子どもはいっぱいチャレンジします。だけど今、失敗しちゃいけない、うまくやらなきゃいけないと思う人たちが増えて、挑戦しなくなりました。ひきこもっている人の中に、「０・１００タイプ」っていう人が多く見られます。１００できないと0と一緒になっちゃう。完璧な自分しか認めない。70点、80点の自分を許せない。だから１００できないようなことはそもそも手を出さない。こういう子どもが増えました。１００できなくてもいいんだよ、中途半端でも、70点、80点の自分でもいいんだよっていうことを受け入れられる力、こういった力も本当は生きていく上では大切ですね。

「フリースペースえん」での暮らし

さて、私たちの夢パークの中の「フリースペースえん」について触れたいと思います。不登校の子どもたちの親も、本人も、学校に行けなくなっただけでお先真っ暗になっちゃう。この社会に、学校に行けなくなっても、学校以外にも学ぶ場所はあるよ、育つこともできるよっていう選択肢がしっかりと提示されていれば、ここまで苦しまなくてすむ。なのに、子どもが「いのち」を絶ったり、親が子どもの「いのち」を絶とうとしてしまったり、自分の辛さをわかってくれなくて家庭内暴力になったり、こんなことが起きている社会っていうのは、学び育つ選択肢が見えてないからなんです。でもそもそも不登校を駄目だと思ってる大人がいっぱいいる。教員の中にもまだまだ不登校は駄目だと思っている教員がいっぱいいる。不登校支援をしていくときに大切なのは、「あの時間が無駄だったね、あのときもし中学に行けていればもっといい高校に入れて、もっといい大学に行けたのにね」なんていうことを言う大人たちが周りにいる限り、子どもたちはどんどん自信を奪われていきます。「いやいや、あの時間が大事だったんだよな。あの学校に行っていなかった時間にしっかり休息をとった。そのことで、今、君は高校に行ってみたいと思うようになった、大学に行ってみたいと思うような意欲がわいてきた。それはあの時間に意味があったっていうことだよね」って、言える支援がしっかりと広がることが大切ですよね。それには、これぐらいできないと将来大変だぞなんていう、脅しのような叱咤激励より、「大丈夫なんとかなるさ、学校以外でも学べるよ」っていう、そういう環境を用意していくことのほうがよほど大事だと思います。

文科省の初等中等教育局長が出した通知を、もうみなさんはご存じだと思います。「不登校とは、……その行為を問題行動と判断してはならない。不登校児童生徒が悪いという根強い偏見を払拭し、学校・家庭・社会が不登校児童生徒に寄り添い、共感的理解と受容の姿勢を持つことが……」大事なんだ。これ、文科省の初等中等教育局長が言ってるんですよね。全国の教育長に向けて発信されたこの通知は、今、指導要領の解説書に入ったんです。だから、すべての教員がこれを読んでいるはずなんです。だから、もしも学校に来られなくなった子たちに、「お前、ダメだな学校に来れなくて、頑張って早く学校に来れるようにしなさい」とかね、「不登校はダメだよ」っていうようなことを言ってる教員がいるとしたら、これは教員がちゃんと勉強してないということですね。こういうことをもう文科省はしっかりと打ち出している。

そして、法案ができましたね、学校以外の場で学び育つ選択肢、教育機会確保法案が平成28年12月に成立しています。第13条で、「学校以外の場における学習活動等を行う不登校児童生徒に対する支援」という条文が入りました。「不登校児童生徒が学校以外の場において行う多様で適切な学習活動の重要性に鑑み、個々の不登校児童生徒の休養の必要性を踏まえ、当該不登校児童生徒の状況に応じた学習活動が行われることとなるよう、当該不登校児童生徒及びその保護者に対する必要な情報の提供、助言その他の支援を行うために必要な措置を講ずるものとする。」。国は、学校以外で学び育つということを積極的に支援していく方向に、もう法律で舵を切っている。

私は、４年前から文科省のフリースクール等検討会議の委員として会議に出ています。来月もまた開かれます。学校以外でどんどんいろんな選択肢を増やしてほしいと、国が思っている。私たちの取り組みもひとつのモデルとなりました。私たちは、子どもの権利条例を基に公設民営でつくられている場所ですね。行政が場所を設置して、民間が運営している。条例を基に、あらゆる障害の背景をもつ不登校の子たちも受け入れる。さらに、教育委員会が苦手な「非行」ですね。髪の毛が茶髪だろうが金髪だろうが受け入れます。関西で起きた酷い事例がありますね。外国人の、もともと髪の毛が茶色く生まれてきた子にまで髪を黒く染めさせようという、人権侵害が現実に関西で起きてますよね。おかしいでしょ。髪が黒じゃなければ勉強できないと思っている。そんなことが日本の学校社会ではまだ通用しています。私は今、早稲田大学で教えていますけど、今年の学生の中にもまだいました。中学生のときに下着の検査があり、女子の下着は、白でなければいけないって言われていて、男の先生が下着をチェックする。こんな馬鹿げた人権侵害が、今でも起きている。学校に居場所がありますか。もちろん、居場所が全部ないと言っているわけじゃない。居場所がある学校もあるでしょうし、いろんないい先生、素晴らしい取り組みも学校の中にあると思います。だけど、下着チェックというような人権侵害が行われている環境も、まだ日本の学校教育の中に残っているということ、だから、学校以外でも、育ち学ぶ場を整備していく必要があるんですね。そしてそこは貧困問題にも絡めて考えれば、無料である必要があるということ。そして、小学校・中学校という義務教育の年齢に囚われないで利用ができること。私たちの場所には、小学生の子どもたちもたくさん来ることができます。いま小学生だけで40人ちかくいる。ところが小学生の不登校の子たちが通ってこられる場所というのは、残念ながら、多くの自治体でほとんど整備されていません。とりあえず小学生を受け入れています、まではいいです。でも実際に、小学生の不登校の子が通っている適応指導教室は少ないのが現状です。

もちろん、私たちのところには中学生もいます。高校年齢になってからでも通えます。今、サポート校と呼ばれるような通信制の高校をサポートするところが、年間100万円もかかるようなところがいっぱい増えました。じゃあ貧困世帯はそこに通えるのか。タダで通えるフリースペースに高校生も来られるようにして、そしてそこから公立の定時制・通信制に通えばいい。そうしたらお金もかからない、勉強も教えてあげることができる。ここで毎日お昼ご飯を作って食べて、いろんな活動をして、学習もして、ここから定時制高校に通えば、たとえ人間関係が学校内でうまく作れなくても中退する率がグッと下がる。私たちはこういう取り組みもしています。

いつの間にか、なんらかの障害の診断を受けている人が登録者の半数までくるようになりました。生活困窮世帯も2割を超えました。私たちが一貫して言ってきたのは、自己肯定感を育むということ。「生きてるだけで君、奇跡だからね」「生きてるだけでOKだよ」、ということを伝えること。学校内カフェで届けたいのもこれですよね。そして、私たちが、どんな現場でも、学校だろうが学校外だろうが、家庭でも、「あなたが生まれてきてくれてありがとうね」「あんたがいてくれて幸せだよ」っていうメッセージがちゃんと子どもに届けば、子どもは自分で欲を持って自分の足で歩きだします。しかし、残念なことに、子どもたちにそういったメッセージが届かない社会になってしまっています。子どもたちに自己肯定感を育むにはどうしたらいいのでしょう。

そのために、私たちは、今一度、「暮らしを取り戻す」ということを大切にしています。「おいしい、うれしい、楽しい」でつながる仲間を見つける。一人じゃないっていうことを実感する。

私たちは、毎日お昼ご飯を作っているんですよ。毎日昼食を作って食べているだけで、子どもは元気になります。そして、学びの多くの要素は、このご飯作りに入っているんです。私たちが28年前から変わってないのはこれだけです。食べた人が２５０円払う、これも28年前から一緒。今では１日に40食は作ります。40人の子どもと大人が一緒に、ご飯を作って食べる。これは私たちの居場所づくりの根っこであり、学びの根っこなんですよ。今、全国に広がった「子ども食堂」っていうのがありますけど、子ども食堂全国サミットの第１回の基調講演は私が担当しました。28年前から毎日お昼ご飯を作って食べている。毎日ですよ。朝10時半に集まったメンバーで献立を決めて買い物に行きます。畑の収穫もやります。そして野菜を切る、自分でご飯を作れるようになったら、すごい自信がつきますよ。学びの要素がいっぱい詰まってます。これは究極の物作りですよね、その場で作るわけだから、おいしいかまずいかも、すぐ自分でその場で結果がわかりますからね。こんな中で子どもたちが工夫しながら、今ある残り物はなんだろう、昨日の何が残っているか、フードバンクからもらったものがあるのか、じゃあこれを材料に何を作ろうか、みたいにして子どもたちが考えながらご飯を作ってますね。

さらに夢パークでは、直火を使って野外調理ができるんです。外火が使えるから、三升釜で飯が炊けるようになったら、子どもはえらい自信がつきますよ。この写真で、ゆであがった手打ちうどんを鍋から上げているのは、川崎市の元教育長ですね。バウムクーヘンを焼いたり、サンマを焼いたりもしています。作物を育て収穫する、それを調理して食べる、旬を知る、旬を食べる。

生活困窮家庭の子どもたちが、生活保護費を受給したら弁当を買って、それを食べてゴミにして捨てるだけの生活をしていることに気づいたんです。今、生活保護を受給している29歳までの引きこもりの若者の就労自立支援事業というのを、私たちは別の場所で川崎市から受託してるので、その事業を通して、包丁を持ってない、炊飯器を持ってない、フライパンや鍋・釜持ってない人に随分出会いました。暮らしが壊れているんですね。食べ物を作って食べるということをしていないので、もっとうまいものを食ってやるとか、工夫して、もっと安くて栄養のあるものを食ってやるみたいな文化がない家庭で育っている人たちが、厳然といる社会になっているわけです。そこからどんなふうに働く意欲、学ぶ意欲が湧いてきますか？　基本的に子どもたちを支えていこうと思ったら、食べる力、自分で作れる力をしっかりと手に入れていくということが、学びの根底にあるということです。

子どもに寄りそうということ

そして、親や先生たちの「良かれ」っていうのが子どもたちの「迷惑」だということがよくあります。この支援は誰のための支援？　本当に子どもが望んでいるのか、大人の都合が優先されていないか。それは大人の見栄や世間体を気にしているだけじゃないのか。いま、子どもたちがカリキュラムに縛られ、その中でボーッとできる環境がどんだけ奪われているか。私たちが最初から大事にしてきたのは、カリキュラムはいらない、ゆったりと過ごす、子どもの時間を取り戻す、「何もしないということ」を保障する。今日、居場所づくりの5回シリーズの中日を迎えていますけど。居場所の根底の中に、この「何もしない」ということが保障されるような環境がちゃんと用意されているかって、とっても大切なことなんですね。私たちは居場所をつくってあげたい、この子たちのためにこんな支援をしてあげたい、いろんな物を用意して提供したくなります。それはこっちの問題ですね。

私が、六畳・四畳半のアパートで、たまりばを始めた28年前。子どもたちは天井裏に立てこもったんですよ、一切の支援を拒否するかのように。講座の1回目で、良くしようとするのはやめたほうがいいって言う鈴木の健ちゃんや、来週来るかな、石井の淳ちゃんとかが言ってるようにね、大人たちは、良くしよう、もっと君のためにこんなことをしてあげたい、そういった大きなお世話が多すぎる中で子どもの居場所は奪われていく。だから私たちは天井裏に立てこもった子どもから教えられたのは、「私はホッとしたい」っていうメッセージを送ったはずだということでした。余計な支援はいらない、ホッとしたいんだ。その子どもたちの思いに寄りそおうとしながら続けてきたのが、私たちの取り組みです。私たちは教育委員会とつくったこの公設民営の場所ですら、まさにカオスのようです。ゲームだってやりほうだい、楽器を演奏してようが、雑誌を読んでようが、けっこうとっちらかっている。それはその子の意思で、その子が自由にやれる環境を大事にしています。

私は文部科学省に呼ばれたとき、このパワポを使いました。「文部科学省職員意識改革プロジェクト特別研修会」という、文科省の職員の意識を変えるために呼ばれた研修会で、旧講堂にズラーっと文科省の職員が集められて、私が1時間半、講演をしました。そのなかで、私はこの写真を使っています。青色のTシャツを着た子が、ゲームのコントローラーを持って遊んでいます。多くの大人はすぐに、けしからんと思うでしょう。昼ひなたから、みんなが学校に行っている時間に、なんで不登校対策施設でゲームなんかやらせるんだと。これは子どもに媚びを売っているだけで、こんなものなんの支援でもない、って思いますよね。だけど、この少年が心の中で、「今頃みんな方程式を勉強してるのかなぁ」「英語は何を勉強してるんだろう」「俺カスじゃん、ゲームしかやらねえし、生きてる価値ねえし俺なんて」と思いながら、かろうじてゲームで、今の自分をごまかしてるのかもしれない。成育のプロセスの中で、つらい思いを抱えてやっと生きてきたのかもしれない。この子に何が起きているか、この子の心の中までを読み解く想像力を持って子どもたちの支援に関わっているだろうか。私たちもハラハラドキドキしながら、この子の生き様に寄り添うしかないわけです。そして、その子の「いまだ」っていう瞬間が来るまで、否定せずに待つしかないということで、私たちは関わってきました。

この子なんかは、小学校・中学校とゲームとサッカーにあけくれ、辛うじて定員割れした定時制高校に入ったあと、小学校1年生から勉強してないから勉強したいって言い出しました。勉強したいって思ったときがやるチャンスだよっていうので、私たち勉強にもつき合いました。定時制高校4年だったときに大学に行きたくなったと言いだしたんです。えっ、と思ったけど、まあやりたいならやってみたらいいよと言っていたら、1年浪人して、この青いTシャツの男の子、一昨年、早稲田大学教育学部に入りました。私たちは度肝を抜かれました。子どもが本当にやりたいと思って集中力を持ったら、私たちが想像しない力を発揮する。この状態を普通に見ていたら、「なにお前、学校行かないでゲームなんかやってんだ、お前いいかげんにしろ、調子こいてんじゃねえ」って言って、この子にそうやって叱っていたら、この子は「あぁ、もういいよ、わかったよ、俺なんかもういいよ」って、もう何もする気になっていなかったかもしれないですよね。

この子なんかも面白かったですよね、「ビーフジャーキーの帝王」と呼ばれた子で、ビーフジャーキーを作らせたらめちゃうまいんです。大人たちがびっくりした。大人たちから、「おめえのビーフジャーキーうまいわ、もっと作ってよ」って言われただけで、人から頼りにされているっていうか自己有用感がめばえ、やる気になって定時制高校から大学に進んで、今、就職しています。この背中を向けている子が、私がＮＨＫのテレビで紹介した子なんですけど、中学校で不登校している間、釣りしかやらなかった。でも、釣りをしている間にいろんなことを学びますね。釣りに一緒に行った大人たちは、人生の大切のことをいろいろ教えてくれます。そして、釣りの極意、どうやったら釣れるのか、釣った魚をどうやってさばくのか、生きた学びがあります。彼はそれを全部やりましたね。そうしたら、中学は形式卒業しただけでしたけども、中学を卒業して15歳になったら引く手あまたです、最低賃金でこんだけ包丁使える子なんていやしない。そんじょそこらの調理師専門学校を出たよりよほど調理がうまい、包丁さばけるっていうので彼はね、重宝がられて。結局全国チェーンの飲食店の店長になりました。いま二児のパパです。この間、独立して、自分の店をかまえましたよ。

暮らしの中にある学び

学びっていうのはどこにでもあります。人類の歴史で言えば、学校というものがなかった時代が圧倒的に長いですよね。その間も子孫を残し繁栄を続けてきたわけでしょ。どうして学校教育じゃなきゃダメだっていうふうになってしまったんでしょうね、この子は学校イチの問題児と言われました。あまりの多動性に、わが校で打つ手なし、特別支援学校に入りなさいと言われた。でも、特別支援学校にはどうしても入りたくなかった。行く場所を奪われて、彼は川を越えて私たちの所にやってきました。確かに動きが多い子でしたが、こういう子はいくらでもいるじゃないですか。彼は、「学校不適応児」だといわれましたが、私たちは、彼に適応できない学校教育の問題だと思いました。僕らは、ひたすら彼の一番光るところを探そうとだけしました。そうしたら、この子は色を使った工作とかしているときにイキイキしていることに気づいたんです。じゃぁ、「プレーパークの好きなところを走り回っていいよ、木っ端を集めてきて好きなだけペンキ塗っていいよ。でも、生木には塗らないでね」って伝えたんです。彼は喜んで走り回って木っ端を集めてきて色を塗りました。そうしたら、私たち大人がこの子を見る目が変わりました。「お前、もしかしたら将来アーティストになれるんじゃないの」。「面白い色使うよね」、いつも大人から怒られていたのに、大人がニコニコ話し掛けるから、この子は情緒が安定して、高校から学校に行ったんですね。「困った子」じゃなくて、「困っている子」だったんだよね。この子を変えようとするんじゃなくて、どうやったらこの子とコミュニケーションをとれるかっていうスキルを、周りの大人である私たちが手に入れるほうがよほど大事。この子に勝手な指導をしてね、こんな支援、たとえば、他の子に追いつけるように、社会に出て迷惑をかけないようにこんなスキルを身につけましょうなんて……。そういう「支援」が増えている。それもね、丸っきりダメだとは言わない。そういう「支援」があってもいいとは思う。だけど、まずもって、私たちが居場所を考えるときに手に入れなきゃいけないのは、どうやったらこの子と楽しく過ごせるかっていう、私たちの側のスキルやまなざしですよね。そして、この子の一番得意なところに光を当ててあげる。

そういうことだけをやってきたら、その噂を聞きつけて、現職の文部科学大臣が私たちのところに訪ねてきたんですね。活動を見てまわった文科大臣は、私たちのことをご自身のフェイスブックに書き、そして、記者発表します。「既存の教育では収まり切れない子どもたちが育っていく可能性がある。未来の学校の在り方のモデルの1つがここにある」と。多くの報道陣がそろっていました。横には、川崎市の教育長もいました。私たちは何も英才教育をやっているわけじゃない。エジソン、アインシュタイン、未来のアーティストがここから生まれるかもって大臣が語ったけど、私たちはさっき言ったように、ただボーッとできる環境を用意して、ご飯を作って食べて、好きなだけ遊んで、やってみたいことに挑戦できる環境を用意する。そして、その子の一番得意なところは何かっていうことだけを探してきた。そして、プログラムは自分で決める。私たちは、何もしないことを保障しながら、やりたいものがあったら選択できる講座も用意しています。

ＢＢモフラン――劇団四季の「ライオンキング」の初代パーカッショニストですよね。フォルクローレのＴＯＹＯ草薙――日本を代表するチャランゴ奏者。演劇の片岡五郎――西部警察というドラマで、あの亡くなった石原裕次郎と22回の共演をしています。最多犯人役、悪役スターですね。そして水戸黄門では30回斬られている。この役者さんと一緒に芝居をつくっている。ジャズダンスもある。

ちょうど、明後日うちのフェスティバルが開かれるので、つい最近の写真です。子どもたちが自分たちで脚本を書いて、左下の写真は、子どもたちがつくった脚本の構成をスタッフが表にしてるところですね。そしてその脚本を元に芝居の練習をしている。ダンスもやっている。

アートがあり、歌があり、84歳になる科学の先生である、平林さん。彼はいろんなところで出前教師として、学校外の場所に出前で授業をやりに行っています。もう30年ぐらいのおつき合いです。この間、秋に一時帰国した青年がやってきました。「おお、久しぶりだな、おまえ小学校1年生からずっと学校行ってなかったよな、今どうしてるの」。「あっ、今アメリカで暮らしてます。アメリカで結婚して奥さんもいます」。「で、何やってるの今」、「今、アメリカの大学で物理を教えています」って言いました。これも度肝を抜かれました。このひらせん（平林先生）という人に会っただけですよ、彼。平林さんに科学って面白いっていう、小学校1年から学校に行かなかった子が、科学って面白いっていうのに出会っただけで、今、アメリカの大学で物理を教えてる。この平林さんに、私たちが聞きました。「平林さん、学力ってなんですか」。うーんって考えて、先生の口からポロって出た言葉が、「出会いをものにする力ですかね」。これには、うなってしまいました。私たちにできることは、子どもたちの好奇心の芽をつまないこと、失敗してもバカにされない、おこられない環境の中でやってみたいことに挑戦できるようにする。子どもたちが、様々な活動を通じて興味を持ちそうな出会いのチャンスを用意する。教えこもうとか、指導しようとかする必要はない。子どもたちは、「おもしろい」と思ったことには集中して自ら進んで学ぶようになる。

山田洋次監督が、「学校」という映画をつくったときに、主人公のモデルとなったもと夜間中学校の先生である松崎さんが、識字や社会科見学も担当してくれています。その他にも、実際の腸の長さをこうやって出して、人間の体の模型から遊びながら体の構造を学んだりしています。手話やお茶と出会ったり、子どもたちが、いま、けっこうはまっているのが開発教育協会の人たちと一緒にやっているワークショップです。たとえば、Tシャツができるまでっていうワークショップでは、「みんなが着ている服ってどうやって作られているの？」から始まって、そして「児童労働ってどんな現状があるんだろう」っていうことに出会うのがテーマ。まずはTシャツを見て考える。Tシャツの「メイドイン～」になんて書いてある？　じゃー、そもそもこれは何でできているのかな……綿っていうものに出会う。綿とか麻の収穫している写真から、実際に綿毛に触ってみる。そしてね、実は中国とインドでこんなに綿を作っているんだけど、Tシャツ1枚作るのに畑が3.2畳分必要なんだよ、とかね。芝居仕立てでいろんなことをやります。私がアパレル会社の社長に扮して、そこでおしゃれ好きな人とか、こうやって役割を演じながら、子どもたちが芝居を通して学んでいくようなことをやります。こうやって環境問題から子どもたちが、いろんなものを学習できる。

それから個別の学習支援、無料の勉強会をやっています。藍を建てて、藍染めしたりですね。羊を連れてきて、ここで生きている羊の毛を刈らせてもらって、そして洗って干して毛糸を作ってる。これはカリキュラムに縛られないで、子どもが、毛糸ってどうやってできるのって言ったから、やってみました。毎月5回のミーティングを開いていますけど、やってみたい企画をここに持ち寄るわけです。つまり、居場所の中での学びの原点は、やってみたいっていうことをどうやって実現できるかです。今日お配りしたチラシも子どもが作りました。「一期一えん」なんて書いてありますけども、「フリースペースえん」の25周年記念発表会が明後日の日曜日に開かれます。こういった企画の進行から、すべてプロジェクトの子どもたちがやるんです。チケット作り、チラシ作りもやって、小学生が書いた脚本を周りの人がいっぱい膨らましながらですね、演出、大道具、小道具作り、出演すべて子どもたちですよ。子どもってすごい力を持ってますね、裏方もやります。

そして、こうやってたまりばフェスティバルの開催です。大体４００人のお客さんが来ますけど。

ここに学校の先生方も見に来るんですね。そうです、私たちのような場所は学校と連携していますから、ここに通ってることを出席扱いとしてほしいなと思った子どもたちは、学校に「フリースペースえん」に通ってますって伝えるだけで、あとは学校と私たちの間で連携が始まります。過去16年間川崎市内外に関わらず、校長裁量によって全ての子どもが出席として扱われて、通学定期を取得しています。神奈川県では13年前、私たちＮＰＯが教育委員会に働きかけて、学校・フリースクール等連携協議会というのをつくりました。「子どもたちへの多様な支援のノウハウを持つフリースクール等と連携を図ることは、不登校児童生徒支援の大きな原動力となることが、今までの取り組みの中で明らかになっています。学校や教員が、フリースクール等の活動内容や支援の手立てについてより深く理解し、お互いに手を取り合い、顔の見える環境をつくることが大事です。」というパンフを県教委が作成して、すべての教員に配布しています。

そして、体験活動っていうのはすごく大事だと思っています。貧困の中で、経済的な貧困に伴って関係性の貧困、文化的貧困へと広がっていってしまいます。家族以外の人と出会う機会がない。普通とか当たり前を手に入れるための生活体験、社会体験、さらに学習体験の環境がない。だから、体験からどうやって学ぶかっていう、体験をできるだけ安いお金で、できれば無料でできるような環境を用意していくことが大事だと思っています。

私たちは、八丈島で五泊六日、釣った魚をさばいて食べるっていうキャンプをやったり、ついこの間も、木島平にスキー合宿に行ってきました。川崎市では、生活困窮家庭に対して、合宿費や交通費の補助にも取り組んでいます。

保護者会には、たくさんの人が集まります。県教委から先生が研修として派遣されてきます。4月から新しい先生が来ることが決まりました。国語の女性の先生が来ることがもう決定しています。こうして1年間、先生が毎日ここに通ってきて、子どもたちと過ごします。

こどもゆめ横丁

子どものやってみたいということを実現するために、こんな子ども参加型の取り組みも行っています。これはさっきの「ごろり」という部屋に、スタジオの機材を持ち込んでライブハウスにしたて、ロックフェスティバルを開いているところですね。サッシの窓枠ごとに防音の壁まで自分たちで作って取り付けて、パッチワークして、会場をつくる。これはもう大きな学びですよね。

夏祭りには、1日に2000人もの子どもたちが参加をして、水と泥で遊んでいます。

それから、秋にやる「こどもゆめ横丁」。一坪の広さに子どもが廃材を使ってお店を建設します。大人は一切、手出し口出しできません。ここでは、現金で商売をします。しかも、主に小学生の子たちが不特定多数の人に、食品まで売りますから、これはたいへん。食品衛生講習を受けて、アレルギー性物質の成分表示も義務づけられています。今年度はさらにハードルが上がって、その日に火を入れたものしか売っちゃいけない。こういう中でやって子どもたちが自分たちで商売をします。これも、ものすごい学びですよね。子どもたちが生き生きと、お店屋さんごっこレベルじゃなくて、現金を稼ぎ出しますからね。そして、一人で儲けたわけじゃないっていうので横丁税を集めます。税金の税率まで自分たちで決めて、その税金の使い道も自分たちで決める。税務署の副所長さんがここにやってきて涙ながらに、日本で最先端の税務教育だって言って帰りました。生きた学びをこうやって子どもたちが手に入れます。集められた税金で、また遊具までつくるんですよ。こうやって子どもたちが学んでいきます。

十人十色ですね。子どもの「いのち」が真ん中、最善の利益は何か。子どもを無理やり既存の制度に合わせようとするのではなくて、子どもの「いのち」のほうに制度や仕組みを引きよせるっていうのが、私たちＮＰＯのミッションです。

居場所と学び

私たちはユネスコの４本柱を材料に、いま３ヵ年研修に取り組んでいます。大学の先生に来てもらいながら、ユネスコが学びとして柱にしているのは、「learning to know」／知るための学び、「learning to do」／するためスキルの学び、「learning to live together」／一緒に暮らす、生きていくための学び、そして、「learning to be」／人間存在を豊かにするための学び、さらに、もう１つ加えるなら、「learning to transform oneself and society」／自己変容から社会変容です。私たちの学びとはなんなんだということを、うちの理事、永田佳之という聖心女子大学の教授と共にずっと考えています。私たちの場合、スタッフ研修でやってみると、「learning to know」と「learning to do」の比重が非常に小さいんだっていうことがわかってきました。私たちがフリースペースで取り組んでいる学びは、「learning to live together」、「learning to be」、そして、私たち自身が変容して変わっていくこと、そのことを通して社会へのソーシャルアクションとして、社会を変えていくことに結びつけていく。私たちはこういった学びをしているんじゃないのかということを今考えています。

私たちの取り組みは「Good Practice」にも選ばれ、オープン16年経ちましたけど、未だに、国内外から視察が1年間に１５０件はあります。ユニセフを通じて「子どもにやさしいまち」、「Child Friendly Cities」をテーマにした講演に、海外の韓国やドイツにも呼ばれるようになりました。２０１７年の韓国講演後からは、昨年一年間に韓国15の市から市長がやってきて、今、韓国の光州市にこの夢パークにちなんだ「夢の公園」っていうのが建設中だそうです。

もう、私たちの場所で遊んでいた子たちが、親となって近所に引っ越してきて、夢パークで子育てしたりしています。私たちは長年取り組んできた居場所づくりの活動を通して、手に入れたことは何か、それは、「子どものいのちをまん中」にして、子どもの最善の利益は何かと問いつづけること。「生まれてくれてありがとう」、「あなたがいてくれて幸せだよ」、このメッセージをちゃんと子どもたちに届けていく。生きているだけですごいんだという子ども感を手に入れる。これが居場所づくりであり、すべての居場所と学びのベースはここにあるというのが私の想いです。これでいったん話を終わりにさせていただきます。長い時間聴いていただいてありがとうございました。

解説

柳下 換

この回では西野さんに来ていただいて、特に、居場所で学びを保障することの意味について話をしていただきました。彼の話を聞いてお気づきの方も多いかと思いますが、もう一度、要点をふり返っておこうと思います。

まず、学びを保障する、居場所で学びを保障するということが、どういったことにつながるのかということを確認したいと思います。この回のお話では、２つほどのポイントがあったと思います。それは、１つ目としては、以前、私なりの学びの定義（「学びとは、人間の資質を引き出すための創造的／生成的活動である」）というものを紹介しましたが、学びという行為そのものが、人間が生きていくために必要な行為、もしくは、生きるために必ず必要となる行為なのだとすると、その行為を保障するということが、最終的にどういうところにつながっていくのかということ。まさに西野さんには、そこらへんの話をしていただいたわけですが、やはり、「いのち」を守っていく、もしくは「いのち」の問題にそれがつながっていくんだという話をしていただきました。その「いのち」というのは一体何かという話も本当はきちんとしなくてはいけないと思うのですが……、人間だとかという個々の命だけではなくて、地球といいますか宇宙の中にある生命一般（イノチ）の根拠のことという視野をも含めて捉えてもいいのかなと感じました。

　そして、もう1つは、これも前半のお話の中だけではなく、むしろ、後半のみなさんとのやりとりの中でも出てきた点なのですが、居場所の中で学びを保障し続けていくということが、教育現場にとっては少々厳しい言い方になるのかもしれませんけれど、本来、学びがあると思われている、たとえば、学校のような場所において、本来の学びが衰退しているというか後退をしているのだとすれば、そういう学校とか教育の現場に対して、本来の学びとはこうしたものなんだということを伝えていくという、1つの運動的な側面も持っているのではないかという点です。その中身をもう少し具体的に言うと、本来の学びを失ってしまってから久しい学校その他の教育現場に、学びを取り戻そうという気づきを促す契機となるものではないのかということです。このような2つのポイントが、この回の西野さんのお話の中にはあったような気がしています。

　あとはプラスアルファなのですが、第4章の話ともおそらくどこかで絡んでくる可能性があるので、1つだけ補助線といいますか、ちょっとだけ話をしておきたいと思います。それは、「自由」という言葉についてです。「自由」とは何か、ということについては、いろいろと難しいのですけれども、少しだけ確認をさせてください。「自由を取り戻す」、今日なんかも、そうした話が出てくると思います。それでは、その「自由」とは一体何なのかということを、居場所で学びを保障することが、子どもたちの「自由」を取り戻すことに繋がるのではないのかなどという話も念頭にして、考えてみたいと思います。

　「自由」とは何かと、いろいろな見方がある中で、たぶんにこれは欧米的と言いますかヨーロッパ的な見方ですが、たとえば「自由」のことに関して言うと、カントなんかはどのように見ているかというと、その「自由」を獲得する前に、そもそも、「自律」という問題があることを指摘します。それはどういう問題かというと、これは前回、前々回からもずっと指摘してきてる問題なんですが、「主体」という問題と関わっています。自律的な主体というものが、本来、人間にはあって、それをまず再獲得と言いますか、それをきちっと意識しないと、「自由」を獲得することはできないというような見方をするわけです。彼の見方から言うと、そもそも、そうした自律的な意識というものが人間には備わっていて、それが一つの倫理観だったりだとか、道徳心のようなものなんだとします。したがって、そうした意識が、もし、きちっと発揮できていないんだとすると、なんらかの形（力）でそうした意識の生起が阻害されているはずだと考え、阻害しているものを取り除くことによって、そういった意識を取り戻し、「自由」を獲得できるんだというような見方をしています。ただ、こうした見方については、いくつかの検討すべき点があります。たとえば、第2回で話をした、主体とは何かっていう話（フーコーなんかの主張）も当然関わってくると思います。なので、そもそも、その自由を獲得するということに関して言うと、人間本来が持ってるはずの自由の意識を取り戻すんだというような精神から、そのために学ぶっていうような視点もそこにはつながっている可能性があるということを知っておいていただけたらと思います。

第4章 子ども・若者とどうつきあうか？

石井 淳一

石井です。よろしくお願いします。子ども・若者とどうつき合うかみたいなお題で話をしろと言われているので、そんなことをしゃべればと思います。

横浜寿地区について

横浜の寿地区という場所で我々は活動をやっております。どういう場所かというと、こういう位置です。今夜の会場がこのへんかな。横浜のごく中心部になります。寿とはなんぞやって話でだけで40分間しゃべれちゃうので、今日はごくかいつまんで、になりますが。寿地区というのはこのへんですね。横浜スタジアムがあって、横浜市役所がこのへんにあって、地理的には一等地です。そして、そこにドヤ街、簡易宿泊所街があります。次の地図上に示された四角い黒いの、これ実はマル宿って書いてあるんですけど、この黒いポチポチが簡易宿泊所です。狭い2~300m四方ぐらいの地域の中に120軒以上のドヤが立ち並ぶという地区です。

寿地区は物理的にはドヤ街なんですが、内実としてはかつては日雇い労働者の街でした。1990

年代ぐらいまではかろうじてそうかな。こんなおじさんたちがいる街でした。それが現在では「福祉の街」、「福祉的ニーズの高い街」と言われています。どういうことかと言いますと。最近では、ある調査によると5年間で地区の住民の3割が他の地域から流入してきていることがわかっています。多くの住民が、他の地域から引っ越してきているっていう街ですね。5年間で3割ですから、これ15年間でほぼ100％になっちゃう計算なんですよね。ただ、統計自体をとても取りにくい地区です。また、住民票とかない方もいたりするので、確たることは言えないんですけど、とにかくとっても流入人口が多い街であるのは他の調査からもはっきりしています。なので今、おそらく、元々日雇いで暮らせてるような、元々の日雇い労働者の方というのはわずかでしょう。我々の施設の卒業生で一人、ドヤの経営者の息子っていうのがいて、彼は今、家の仕事を手伝ってるんですけど、ついこの間尋ねたら、彼のところは120部屋とかあるわりと規模の大きいドヤなんですけど、30年ぐらい前から利用してくれている古いおなじみさんは3人ぐらいだって言ってました。その120部屋、全部が単身の男性なので、120部屋あるということは満室になるとほぼイコール120人なんですけど、120人のうち30年前から住んでるのは3人だけで、あとはほぼご新規さんだということですね。だから、ごく最近になって他の地域から、みなさんの住んでいる「一般地域社会」から入ってきている人たちが、大半を占める街ということになっています。

なんでそうなるかというと、そもそも、寿って決して住みやすいだけの街ではありません。だから、あえてこういう言葉を使えば、みんな「わざわざ」引っ越して来るということになります。逆に言えば、それだけの切実なニーズがあるというか、それだけ寿よりもさらに「一般地域社会」が暮らしにくくなっているということが言えるのではないかと思います。高齢の方、障害を持っている方、それから、依存症者、野宿者がどんどんと入ってきています。この間も、青葉区で不動産屋さんを一生懸命にやってらっしゃる方から電話があって、不動産屋を訪ねてきたあるお客さんで、夫婦と子ども１人。子どもさんはもう大きな方で成人の方です。そのお客さん、所持金が３万円しかないって言うんですね。そうすると、当然、アパートを借りられないですよね。敷金・礼金とか軽く20万、30万円かかっちゃいますから。さらに生活保護というのは居住所がないと申請できませんから、３万円では部屋も借りられず、部屋を借りられないので生活保護も申請できないということになるんですね。ところが、こんなときドヤの場合は、その日１日のドヤ代を払いますと、宿泊所・旅館なので、住居じゃなく、１日２０００円台のところが多いんですけど、その２０００円のドヤ代さえ払えばとりあえず泊まれ、さらに横浜市の場合は、それで生活保護を申請するということができます。そういうことで、特に高齢の方なんかで、今、圧倒的に高齢者が多いですけど、皆さんが住んでいるような一般地域社会で暮らしづらくなった人が、どんどん流入してきている、そんな地区になっています。なので、皆さんの住んでる社会とは地続きな街なのです。寿で見えるいろんな問題課題というのは、そのまま日本の地域社会全体が抱えているそれがギュッと凝縮されている、そんな街だと思います。

寿での子ども・若者の居場所

そんな場所で、僕は、子ども・若者と関わることを生業にしているんですが、いろんなことをやっています。活動拠点は、寿生活館という建物ですが、そこで「ことぶき学童保育」という居場所を開いています。ただ、性格的には学童保育というよりも児童館的な雰囲気が強いかもしれません。誰もが、子ども・若者ならば自由に自分の意思で来られて、自由に過ごせる場所を学童保育と同時にやっています。学童保育というのは、親等の就労支援ですね。共働き家庭などの親御さんが、家に小学校の子が帰ってきたら誰もいないと不安なので、親の都合で託児する。児童館というのは、大ざっぱに言えば、子どもが自分の意思で行く場所ですね。ところが、横浜市は何故か児童館がないんですよ。ないので、学童保育をやりながら、誰でも来ていいよという、中学生まで誰でも来ていいよという場所もやっています。

館内は、こんな雰囲気になっています。ここで、たとえばこれは、工作としていろんな物を作ったり、台所でお菓子作りをしたりしてます。これは世間的には「ヤンキー」と呼ばれるような男子が、ホワイトデーのチョコレートを作っているところです。また、この部屋は、「畳の部屋」と言って、テレビ・ビデオ等があって、ごろごろできる場所です。写真の彼などは、中学校に朝から行ったんだけど、先生と喧嘩してもう昼過ぎには学校飛び出してきちゃって、こうやってごろごろしてました。こちらは児童ホールという場所で、こうやってどたばた騒がしい、とても面白い遊び場になっています。この学童保育はもう30何年、40年近くやってます。

そして、わりと最近始まった活動は「ことぶき青少年広場」というやつですね。これは元々横浜市青少年の地域活動拠点事業ということから始まって、現在では、横浜市の困難を抱える子ども・若者支援が目的である「寄り添い型生活支援事業」の場となっています。さっき言った児童館等とは違って、いわゆるターゲットアプローチという、困難を抱える方――生活保護家庭が多いんですけど――

に対して、区役所のほうと話をして登録制で実施をしています。だから誰でも来られる場というのではないんですけどね。ないんですけど、それは寄り添い支援だけだとそうなってしまうんですけど、そういうやり方はちょっと僕らになじまないし、そういうやり方だけだと行き届いた支援ができないと思っているので、自主事業として誰でも来ていいよという形の居場所スペースも併設しています。部屋への入り口はこんな感じです。これが居場所側で、狭い部屋を居場所と支援の場所に分けて使っています。学童保育は小学生が中心ですが、広場の居場所コーナーのほうは中学生以上、20代まで来ていいよって言ってあって、実質30代まで来てますけど、こんなふうに若い人がたまったり、集まったり、だべったりと、なんか最近はスマホでネットゲームやってる時間のほうが長かったりしていますが。それからこういう小さな子が来たりもします。寿地区の町内会館の一室を借りてるんですけど、その部屋だけでは狭いので、となりの会議室が借りられるときはこうやって借りてやってます。

それから寄り添い支援の事業として最近はもっぱら、こうやって自炊支援として料理をしています。特に、コンビニ弁当とかお総菜、マックや、すき家とかの食事になっちゃってる家庭が結構多くてですね、とりあえず料理って自分で作れるものだよっていうのをイメージしてほしいなと思い、作り方などあまり難しいことよりも、まず楽しくみんなで準備して、作って、食べて、あとかたづけをするっていうことを主眼にしてやっています。一応、行政的には躾をしろとか言われているんですけど、そういうこともそんなに厳しくはやっていません。ただ最近は、子どもたちが来たら、まずはきちんと手を洗って、自分たちで自分の使う包丁とまな板を洗うという最低限のルールは、ルーティンになっています。大人が「はい、やるよ」って言ったら、もう子どもたちが自分たちからそういうふうに動くようになってますけどね。子どもたちの父親なんかも、仕事から帰ってきて、いっしょに子どもの作ったものを食べたりします。

寿に集まる子ども・若者たち

さてとですね、先ほど流入人口が多いと言いましたけど、実際ほとんどが流入人口なんですけど、逆に言えば、自然増はごく少ないんですね。今、寿の中では、ほとんど子どもが生まれていないんです。これは寿地区の子どもの数ですけど、かつては５００人以上いたのが、今はほぼゼロと言っていいぐらいです。でも、こうやって子どもが来てるっていう中身は、少なくとも、今、住んでいる場所で言えば地区外の子たちです。なので、寿の子どもたちという言い方をしないで、寿に集まる子ども・若者という言い方をしています。どういう子たちが集まっているのかというと、まず、もともと寿生まれ、寿育ちの若者たちの、その子どもですね。それから、外国系の児童がとても多いです。もともと韓国、フィリピンの子も多かったんですけど、最近では、ほぼ中国の子ですね。それから、それ以外、寿に元々地縁、血縁のない地区外の子どもたちも集まってきています。

そして、青少年広場は、困難を抱える子どもの支援事業を行っていますが、学童にしろ青少年広場の居場所事業にしろ、困難を抱える子どもたちだけ集まれって言ってるわけではないんですね。誰でも来ていいよという言い方をしてます。しかし結果として、困難を抱える子ども・若者がとても多く集まってくるという現状があります。

これはどうしてなのかということですが、簡単に推測してみると、現代というのは子どもにとって

（実は大人にとってもなんでしょうけど）、横軸にも縦軸にも居場所のない時代だからだ、というふうに考えています。横軸というのは空間ですね。空間というのは、隙間と言い換えてもいいと思います。空間に居場所がないというのは隙間がない社会。若い方はちょっと感覚的にわからないかもしれないですけど、かつて子ども・若者というのは地域社会の中の隙間、大人の目のちょっと届かないところで群れていて、時々ちょっと悪さをやって、それが時々大人にばれて怒られて、みたいなことを繰り返しながら育っていって、大人になっていったと思うんですけれども、今はそういうことをやる余裕がないですよね。

集まる若者たち

よく言われますけど、コンビニの前かマックぐらいにしかたまる場所がない。中学校の校長の先生に話をしに行ったとき、もう、しょっちゅう夜中に、あんたのところの生徒がコンビニの前にたまって騒いで困るって電話が掛かってきて、応対しなきゃいけないので大変だって言ってました。そうやってたまって、わいわいやる場所がないんですよね。それから縦軸というのは時間軸。たとえば、中学に入ると高校受験のために、今を我慢しろとか言われますよね。高校に入るといい就職、あるいはいい大学に入るために我慢しろって言われる。小学校でも、中学のお受験のために我慢しろって言われちゃう子どもたちがけっこういる。ドンドンドンドン先のために今を我慢しろ、今を我慢しろとずっと言い続けられる。ドンドンドンドン自分が生きている、今、生きているっていう感覚を先送りされることを強いられる、というのを僕は縦軸、時間の中にも居場所がないっていうように捉えています。

ところがですね、寿っていうのは、これはだいぶ古い写真なので、今は風景が変わっちゃってますけど……。これは今建て替え中の寿市営住宅っていう建物で、４階部分にこういう吹き抜けがあったんですね。ここで夜な夜な若者たちが、たまっていました。何をやっているって説明のしようがない写真なんですけど。何をやっているって説明のしようのない空間がありました。夜な夜なそこでダベってるっていう、そういう空間があったんですね。寿の中には今でも隙間はあるし、ある意味、地域社会の中で、寿自体が一つの隙間なのかなというふうに思います。

時間の観点から、生きてることを先送りにされるっていうことですけど、かつて寿は、日雇い労働者の町だったと申し上げましたが、日雇い労働者のライフスタイルって、その日一日、朝求人に応募して、その日一日働く場所を自分で決めて、その日一日働いて、その日一日、デヅラって言いますけど、その日一日の給料を貰って、その日一日のドヤ代を払ってその日一日の宿を得るっていう。基本的には、そういう一日一日の積み重ねなんですね。だから、さっき言った先送りっていうライフスタイルとまったく逆です。その日一日を生きるっていうね。先ほど申し上げたように、今は日雇い労働者の街とも言いづらいんですけど、やっぱり街全体にそういう雰囲気は残ってますよね。なので、居場所のない時代である現代社会の中で、居場所のある寿っていう言い方が、ある意味できると思います。完全ではないんですよ、寿にもいろんな問題はありますから。ただ、確かに隙間はあるし、その日一日を生きるっていうライフスタイルが、まだどこかに根付いているのは確かだと思います。なので、そういうことを求めて、子ども・若者は集まってくるのかなと、そんなふうに思っています。

寿の子ども・若者とのつき合いから考える支援とは

さて、時代による子ども・若者の変化と、子どもたちとのつき合い方、ということです。この講座のチラシに僕の回の概要として「支援のあり方を考えます」っていうふうに載っているので、これを話さないといけないなと思うんですけど、結局、時代による子ども・若者の変化って考えてみてもあんまりよくわからなかったんです。とりあえず少し喋りますが、その時代による変化って、前の本『居場所づくりの原動力』が出た２０１１年から比べてみるっていうことになるのかなと思うんですけど。今が２０１９年ですよね。子ども・若者の時代による変化ってわかりにくいのは、僕らが関わっている子どもの層はやっぱり年々変化するので。まったく同じ層の子どもたちとずっと関わっていれば定点観測ができるんでしょうけれど。

当時の名簿とかを見ていて、２０１１年というのは、ハイティーンの子たちが寿の中心で、韓国系の若者が結構いたりしました。それから、中学生は地区外の、中国系・韓国系の子たちが中心でした。小学生もそんな感じでした。寿の地縁、血縁を持つ子は、むしろ、少数派だったんです。そして、２０１９年、今で言えば、ハイティーンの寿の子もいますけど、その世代は、寿の子の友だちだった地区外の子の方がちょっと多いかな……。外国系は、フィリピン系・韓国系の子がまだこの世代には残っています。中学生は今、人数が少ないので、なんとも言えないんですけど、寿系の子たちと地区外の子たちです。小学生は今圧倒的に、寿出身の子ども・若者の子どもの世代が多いです。寿っていうのは、新しい街、戦後に成立した街なんですよ。そこから数えると3世代目とか、4世代目になります。そういう子たちが、小学生以下には多いです。あとは中国系の子ですね。そういうふうにかなり違っていて、こういうことの変化のほうがむしろ大きいので、時代による変化っていうのはちょっと完全には言いにくいかなと思います。

それから、時代ということで言えば、やっぱり、子ども・若者の生活の変化ですけれど、ITですよね。まず、ゲーム機については、実はゲーム専用機についてはあまり変わらないかな、プレステとか、任天堂3DSがもう2011年に出ているので、そこからそんなにめちゃくちゃ技術的な進歩があったとはあまり感じないですね。プレステ4とか、スイッチは、今みんな結構やってますけど、基本的な携帯型のゲーム機というのの流れのような気がします。ただ、iPhoneが2009年に3GSを発表で、何かの資料だとそこからがiPhone時代って書いてありました。それから、2009年の4月に国内初のアンドロイド端末が出ているということですね。2011年ぐらいだと、まだガラケーが中心だったという記憶があります。だけど、今はもう小学生でもスマホを持ってる子が圧倒的に多いので、それで、ネットゲームをやってる子がとても多いですね。ポケゴーは、もう、やや下火ですけど。うちの子どもたちは戦いものが好きなので、『荒野行動』という中国のソフトハウスのゲームらしいんですけど、対戦相手と音声で喋りながらゲームができるというやつですね。それでたとえば、夜中の11時とか12時に起きていて、遠くの友だちと、あるいは近くでも友だちと話しながら『荒野行動』をやってるんですよ。そういう姿がとても増えました。それから、2011年にL

ＩＮＥがサービス開始となって。２０１１年当時は、まだｍｉｘｉのほうが多かったと思うんですけど、今はもうＬＩＮＥですね。こんなところも違いと言えば違いなんでしょうね。

それで、思い返してみると２０１１年当時、子ども・若者とのつき合い方というか、どんなつき合いをしていたかというのをちょっといくつか例を挙げてお話ししますが……。この当時ハイティーンだった子たちは、寿系の子たちなんですけどね、寿で育った親の子どもとか、あるいは当時まだ寿に住んでいた子もいたと思います。これはですね、あとで写真を出しますけど、僕ら冬の学童保育のクリスマス会、それから、夏に、横浜・寿町フリーコンサートっていうのを寿の夏祭りの１つのイベントとしてやって、そこに「Kotobu☆Kids」っていうバンドを組んで出させてもらってます。２００５年に初めて、「Kotobu☆Kids」が出たときに、ちょっと曲を作ってみようということになって、『君たちにありがとう』っていう曲を作ったんですけど、これはサビの部分の歌詞ですね。当たり前のことしか書いてないんだけど、当たり前のことを当たり前に歌えるっていうのは、すごいなと僕はいつも思うんです。

『君たちにありがとう』

実はこのサビの歌詞を丸々書いたのが、その当時中学生で、２０１１年ぐらいだとハイティーンだったある女の子です。彼女、幼児の頃からずっと一緒にいて、結構僕自身との距離感が近い子でしたね。しょっちゅう一緒にいて、いろんなことも一緒にやってきて、ちっちゃい頃はよく僕の膝の上とかに乗ってたりしたような子なんですけど。ときどき、僕、距離感が近くなりすぎて失敗するんですが、思い入れがすごい強くなっちゃうんですよ。そうするとなんていうか、やっぱりちょっと言い過ぎたりやり過ぎたりして喧嘩になっちゃうっていうことがあって、これは最たる例なんですが、中学生だから２０１１年のちょっと前に彼女から1年間に3回、絶交宣言をされてます。なんだかなという感じですけれども。当時はかなりしんどかったのを覚えています。近いと思ってた子に絶交されたのは非常にショックだったので、いろいろと悩みましたが、ただ、考えてみればね、わざわざ絶交するほどの強い関係性があったっていうことですよね。どうでもいい人に、あんまり絶交とかしないでしょう。今、考えれば、そういうことだったのかなと思います。お互い結構本気でぶつかりあったからこそ、中学生レベルで絶交なんて体験をしました。そんなやりとりをしていたわけですが、本気でそうやってぶつかりあえたっていう時代、ある意味そういう最後の時代だったかなというふうに思います。その後、そこまでのぶつかりあいをした経験はなかったですね。その絶交の後、なんとなく関係が修復していって今はとてもいい関係性だなと思います。

この子、結構、武闘派でね、今でも覚えてますけど、中学生の頃、当時、Ｏ中学校っていうのが横浜市で一番荒れてる中学って言われていて、実際、ヤンキーの子たちがたくさんいたんですけど、その子たちが、うちの学童に遊びに来てたときに、何か気に入らないことがあったんだと思います。彼女が、その男の子のツッパリくんに殴りかかっていくっていうことがあって、一生懸命、後ろから羽交い締めにして止めたりした記憶があります。彼女は今、某チェーン店のコンビニエンスストアの店長やってたりするんですよね。ツッパリに殴りかかってたお前が、店長だもんなとかいう話をよくします。この間もその、店長試験とか結構大変なので、新宿まで行かなきゃいけないとかいうＬＩＮＥが入ったので、一生懸命、こっちで行き方を調べたりして……。寿の子たちってね、せいぜいバスがいいところなんです。電車に乗れないいんですよ。逆方向に乗っちゃったとかよくあるんです。なので、ともかくちゃんと試験会場までたどり着けるか心配でしょうがないとか言うんだけど、それをＬＩＮＥでやりとりをして、大丈夫だから、この出口をこう出てみたいな話をして。まあ、そんな関係がずっと続いていています。その絶交事件も含めて、いい関係性ができているなと僕は勝手に思っていたりします。

それから、ある姉妹なんですけれど。いろいろやらかして、自立支援施設に入れられちゃったんですね。要は捕まって、昔で言う教護院へ、と言うことです。その時に、実はアタシ捕まっちゃうかも、っていう話を直前に僕は本人たちから聴いていて。何をやっているかっていうことも、だいたい話を聴いて知っていたので、捕まったってきいた直後は、やっぱりもっときつく叱って止めておくべきだったかも、とか、色々後悔もしたんですけれど。でも多分、いちいち叱ったり、それやるなとか言ってたりしたら……もちろんあまりひどいときにはそんなことやめろよ、と言いましたけど……しょっちゅうしてたら、おそらく僕にしゃべらなくなっていったと思いますよね。基本的にかなりいろんな事まで僕にしゃべってくれていた姉妹だったんですけれど。だから多少……このときは多少、じゃなかったんですけど……いろんなことがあっても、なるべくそのまま話を聴こうというふうにずっと思っていました。たとえばこの写真ですが、これは僕の車なんですけど、彼女のお父さんと一緒に自立支援施設に面会に行ったときの写真です。お父さんは、昔ヤクザの組長をやっていたりしたこともあった人です。だいたい、こういう児童自立支援施設や少年院っていうところは、いったん、それまでの親も含めた地域との関係性と切り離して更生させようとしますから、かなり遠い場所に入れられたりする。この時、この姉妹以外にも捕まった仲間がいるんですが、その家族はほとんど面会にも行っていないという話でしたけど、この家族はもう、押しかける。施設側は「いや、落ち着くまでそんなに頻繁に来ないでください」って言うんだけど、父ちゃんそこをかけ合って、僕の車に家族親戚みんな乗り込んで、往復８時間かけて面会に行くっていう、そんなことをやっていました。その道中、口では「本当にウチの娘らは、なってない、ダメや」みたいなことを言うわけですけど、決して繋がりを切らない。そんな関係性のあり方をはっきりと見せてもらった感じでした。ちなみに、僕が運転して、助手席に座った父ちゃんから、その８時間、ヤクザ時代の武勇伝とか、色々話を聴くわけです。とても面白かったですね。そんな世界、僕は体験できないですからね。僕の師である村田由夫っていう人が「寿に居るといろんな人の話を聞けて、自分のできない人生を体験できる。それが面白い」って言っていましたけれど、それが実感としてわかるような、そんな体験でした。

さて、そんなことをやっていたのが２０１１年ぐらいかな、もうちょっと前かな、そういう子たちがハイティーンだったのが２０１１年ということですね。今は２０１９年ですが、特に地区外から来ている寿に地縁血縁をもたない子どもたちに、困難を抱えているケースが多く目につくようになっている気がします。目についてるだけで、実際、増えてるかとかはよくわからないです。ただ寿の外では関係性の貧困が広がっていて、その失われていく関係性を求めて、寿に集まってくるようなことはあるのかもしれないな、と思っています。

この写真は2014年、2015年の、ここからすぐそこの中学校の卒業式です。これはみんなうちに関わりのある子たちです。こういうツッパリだったんですけど、でも、この世代ぐらいまでですね。ここから後は、いわゆるヤンキーというか、つっぱってる子たちって、この中学の卒業式では、ほぼ目につかないんじゃないかなと思います。昔、さっき言ったO中学校に行ったときに、そのツッパってる子たちっていうのは、自己肯定感がないわけじゃないんだと思うんですよねって、高橋先生に言われたんですけど。ただ、その自己肯定感の在り方の規準が、世間一般のとはずれてしまっているから、結局やんちゃやったりツッパったりっていう表現になるので、実は、そこを擦り合わせてあげると結構社会の中でうまくやっていけちゃったりする。そういうエネルギーを持った子たち、むしろ、こういう表現ができない子のほうがちょっとしんどいのではないかなと思います。

それから、もうちょっとあとの世代の、ここに来てる子たちの話をします。これは学外・地区外の子たちだったんですけど、当時小学校5年生、6年生。このへんのことは『YOKOHAMA EYES』というよこはまユースで作ってくれた2016年版の冊子に僕が書いているんですけど、一人の子がある夜、青少年広場にやってきて、「私、今日行く所ないの」って、ぼろぼろ涙をこぼしながらね、「今晩、泊まるところがないの」って……。児相の一時保護から帰ってきたばっかりなんですけど、もともと親子の折り合いが悪くて一時保護に入ったんですが、児相とも喧嘩になっちゃって。僕は彼女の言い分のほうが正しいと思ってるんですが、児相と喧嘩になって学校とも喧嘩になると、結局、公的施設ってどこもひっかからないんですよ。そういうところからの紹介じゃないと、いわゆる自立支援施設にも入れない。もともと家庭に居場所がなくて、家に居られなくて一時保護になっているわけだから、もう本当にどこにも帰れる場所がなくなってしまう。結局、彼女にはそのとき何もしてあげられなくて、友だちの家に行ったんだか、伊勢佐木町の夜にうろうろしてなんとか過ごしたのかだったと思うんですけど。そのときに何もやってあげられなかったということが、とってもひっかかっていたんですが、彼女にとってみればそうじゃなくて、とりあえず話を聴いてくれて、いろいろとやってくれて、考えてくれただけでもよかったみたいなことをあとから話してくれました。

それから、さっき写ってたもう一人の子ですけど。彼女16歳かな、この間、妊娠しましてね。あるとき、どこか中絶できる医者を探してくれとかＬＩＮＥがいきなりきて、結局日数的にもう無理だったんですけど。ある区役所の子ども家庭支援課につなげて、すったもんだの末、なんとか産むことができて。この間も子どもを連れてきてましたけど、とてもしっかり母親になっていました。仲のいい友だちから、あんたが遊び回らないで子育てちゃんとするようになるなんて信じられない、とか言われてました。それで、彼女なんかも妊娠に至るまでいろんなことを全部聴いているのですが、僕自身の中でそれが間違ってるよと思ったことはけっこう言いますけど、世間的にダメだからっていうことで叱るということは基本やらないです。そういうことよりも、やっぱりこうやって関わってつき合うことの方が、大事だと思っています。だからこそ妊娠したっていう話を僕に言ってくれたんだろうと思うし、子ども家庭支援課に連れていったら、よくぞ連れてきてくれましたって言われました。僕がつなげたのは中絶できるかできないかぐらいの時期だったんですけど、もっと本当に産まれちゃったり、産まれる直前になってからの相談が多く、話を持ち込まれたところで、もうどうしようもないことのほうが多いそうです。こういう早い時期に区役所に来てくれる若者、若年妊娠の若者なんて、ほとんどいませんよ、って言われました。そんなことが可能だったのは、そういうふうに、僕が彼女の話を聴ける関係性があったからなのではないかなと思っています。

これは、ある卒業生の親子です。右側がお母さんなんですけど、お母さんの母親が僕が最初に寿に関わりだした35年ぐらい前に小学生でした。だからもう3代目、4代目のつき合いになります。この男の子のほうが自閉症という診断が出ています。何かあると廊下にひっくり返って泣きわめいて止まらない、そんなこともある子です。あるとき病院に行って、3人兄弟なんですけど、上の子と下の子も風邪をひいちゃったので、病院に連れていったら、案の定この子がもうじっとしていられなくなって騒いでしまって、待合室を追い出されてしまったという話が彼女からありました。困ったということで、電話だったのかLINEだったのか来て、いろいろと話を聴いたりして。ところがこの彼女が凄いのは、次の日また連絡があったんですが、病院に電話をして、この子の症状とかをちゃんと話して、きちんと対応してもらうことを約束させたというんですね。そのときは、僕が代わりに病院に話をしようかともチラッと思ったんですが、しませんでした。しなくてよかったなと思ったのは、しなかったからこそ、親本人がきちんとそうやって問題を解決しようと動けたのではないかと。それから、話を聴く相手がいたっていうことですね。親兄弟が多い家族なので、僕だけではなく、自分の姉とか母親とかにもそういうことをいろいろと話して、そういう関係性の中でそういう行動がとれたということです。そしてその次の日、やっぱり大変だからって僕も一緒に病院に行って、その子が結局騒いじゃったので、近くの公園まで——ロケット公園って呼ばれる公園ですけど、連れていって、一生懸命になだめながら、彼、車が好きなので、道行く車をずっと2人で見ながら過ごしました。そういう同じ時の流れにいることっていうのが、僕にとって、子ども・若者とつき合うときの一番の基本だなと思っています。

あともう1つ、これ、「寿若衆宿」っていう活動なんですが、年中行事で川に行くんです。本来は中学生以上の子の居場所なんですが、この写真の年くらいから小学生、あるいは、幼児が多く参加するようになりました。参加者である若者たちに子どもができて、その子たちを連れて来るようになってきたんですね。そしてその年は参加した6人の子どもが6人とも、なんらかの困難を抱えている子どもだったんです。一時保護所から帰ってきたばっかりの兄妹とか、親から、最近私たちが夫婦喧嘩ばっかりしてたから子どもが笑えなくなっちゃった、どうしようかという相談があった子だったり、そういう子どもばかりだったので、僕自身がそういう子たちをいろいろケアしなきゃいけないなと思って出かけていきました。ところが、行ってみたら、他の若者たちが寄ってたかって子どもたちの相手をするんですよ。この時撮った別の写真を見るとみんな笑顔で写ってるんですね。だから、そういう若者集団があれば、子どもひとりひとりの抱えている困難さっていうのがずいぶん緩和されるんだろうなというふうに思いました。そうした若者集団が機能するような、拠り所的な場所になるよう場づくりをしたいなと思っています。僕自身がどうのこうのというよりも、若者集団が若者集団として機能するような、そういう居場所になるような場づくりをこれからもしていきたいなと思います。

同じ時の流れの中に居ること

僕ら、青少年広場を開けていて、21時に建物を閉めると、そのあと下（生活館前の路上）にたまってしばらくだべってることが多いんです。先週かな、ある姉弟が向こうからやってきたので、どうしたのって聞くと、今、母親がちょっと不安定で、家に居るとまたしんどい思いをするから、逃げてきたのとか、避難してきたんだとか、そういう答えでした。ただ、だからなんだということもなく、そこでそういう話を少しして帰って行ったんです。彼らにとってみれば、そこでべつに母親の状態がよくなるわけじゃないんだけど、そういうことでやって来て、誰かとでもそういう話をしてまた帰っていけるっていうのは、たぶん結構違うんじゃないかなと思ってます。夜の街を彼らだけで彷徨って、そのままましんどい場所に帰っていく、というのとは。夜のつき合いっていうのは結構あって、こうやって若者たちと夜たまってね……。

別の夜、これはたぶんバイクの話だったのかな、バイクの種類の話とかしてたかな。なんとなくだべってる時間というのが、僕はとても好きです。なかには、たまっていろんな話をしてるうちに真面目な相談とかにもなるんですけど、そうならない馬鹿な話で終わってしまうことのほうが、多いと思います。でも、そういう時間が好きです。さっきもチラッと言いましたけど、子ども・若者と同じ時間の流れの中に居るっていうような、そういうつき合い方、向き合い方が僕はとっても好きです。だから、子ども・若者とどうつき合うかっていうふうに問われると、たぶん２０１１年でも、２０１９年でも、そういうことになるのではないかなと思います。時間の関係でしゃべれなかったこととかもずいぶんありますけど、ひとまずこれで終わりにします。ありがとうございました。

解説

柳下 換

まず最初ですが、この回の振り返りを少しやっていきたいと思います。横浜の寿の街をめぐる、子ども、若者、生活者たちとの関わりから見えてくる居場所の様子といいますか、居場所のあり様について石井淳一さんから話をしていただきました。この回の話にはいろんなポイントって言いますか、たくさんの大事なことが含まれていたのですが、敢えてそれを3つぐらいピックアップしておきたいと思います。

まず1つは、淳一さんから最初にお話をいただいたように、寿という街全体が、子どもであろうが、若者であろうが、生活者であろうが、とにかく排除をしない街であるということです。排除しない街とか場所ということで言えば、1回目の鈴木健さんに話をしていただいた川崎なんかも、そういう街の1つであるかなと思います。しかし、今、実際の日本社会は、1回目のときもちょっと話をしたように、排除をしないというよりは、むしろ、排除し差別をするような風潮みたいなものがすごくはびこってきているように見えます。こうした状況は、1回目のときも簡単には触れましたが、もしかしたら、今の日本社会が、差別を必要としている社会に変貌してしまっているのではないのかということを指摘しておきたいと思います。逆に言えば、なぜ、現日本社会は、差別が必要な社会となってしまったのかということだと思っています。

そして、２つ目としては、これも淳一さんの言葉を借りると、寿という街には「隙間」があるという話でした。この「隙間」とは、一体何なのでしょうか、単純に言い換えて、「間」と言ってもよいと思います。「間」という言葉を聞き思い出すのは、精神科医の木村敏さんです。彼は、この「間」のことについて、多くのコメントと著作を出されています。たぶん意味的には、淳一さんの「隙間」という言葉に近いものだと感じます。

それでは、この「間」っていうものが一体なんなのかということですが、これもまたそんなに新しい概念っていうか、新しい見方ではなく、たとえば、ちょっと古くなりますけれど、有名な学者の一人でマルクスという人がいます。彼が同じような似たことを言っています。彼の場合は、この隙間こそが「社会」だっていうような言い方をしています。彼の言うところの社会とはどのようなものかというと、いわゆる共同体と共同体の間にある対話によって成立している私的な交換の空間ということになります。ただ、この空間、これがもし社会だとすれば、この社会というのは非常に、ちょっと厳しい言い方になりますが、資本主義の社会から見るとどちらかというと、疎まれる社会観ということになります。それはどういうことかというと、資本主義社会では、貨幣を生み出さない空間というように、この私的な交換の空間を見る傾向が強いからです。多くの場合、むしろ、そういった空間を排除する、もしくは階級化といいますか、格差化してそこに新しい市場を介入させるというようなことを資本主義社会は画策します。結果として、私的な交換が成立しないように貨幣市場化した場所を社会であると再領土化（再コード化）するようになるのです。

最近の例では、貧困のビジネスとかそういうものがはびこっていたりしますよね。本来であれば、市場とはならないような本当の意味で社会化された空間が、そこに貨幣的な価値を介入させることによって、新たな貨幣獲得（投資等）の対象の場として機能（消費／再回収）させるわけです。こうして、本来であれば社会であるはずの場は隠蔽化され、人々の目には映らなくなるようになっていくのです。

そして３つ目は、３回目にも出ましたが、「良くしようとするのはやめたほうがよい」という言葉です。この言葉の中で、やはりよく考えなくてはいけないのが、この「良くしようとする」というときに使われている、「良く」という言葉の意味です。

このことを考えるにあたっては、僕なんかは教育という現場の近いところにいるので、教育的な視点から「良くする」ということを考えるとわかりやすいと思っています。たとえば、「教育は何でやるのか」とか、「教育は何のためにあるのか」などというような問いかけに対して、多くの方は、教育をすることによって、みんな立派な人間になるからだと確信を持って答えると思います。教育を受けることによって、より立派な人間、人になるはずだ（知識人やお金持ち等）、というように多くの人たちは考えていると思います。そうだとすると、近現代における特に国家が行うような教育は、必ずそうした人間を作りだす可能性を持ってるとみんな信じきっている（教育可能性）ことが前提となっているわけです。それに対して、僕なんかは、前にもちらっと言いましたが、僕の立場というのは、反教育ではないんですが、批判教育という立場をとっています。批判教育という立場の中で、オルタナティブ教育などを展開実践してるわけなんですが、僕たちが教育という営みで注目している点は、教育の不可能性ということです。これはどういうことなのかと言うと、すべての人、人間は、教育することのできない可能性をそもそもそれぞれが持っているはずだと考えることです。つまり、その人その人なりの持ち味だとか、資質というものがあって、それらを引き出すことが、僕たちが考えている教育の役割なのです。

したがって、僕たちは、その一般的な国の教育などで、みんなが共有していると思われる教育可能性という視点に対し、教育不可能性という視点に注目していくべきだという立場をとっています。さきほど取り上げた「良くしよう」と言ったときの「良く」という言葉から考えなくてはいけないことは、同様に、人間は自ら良くなろうとする力があるはずだから、その力を引き出してあげることが大事だということと、そもそも、相手を良くさせるために行う行為の多くが、実は自分のための、ある意味で、自己満足的な行為であることに気づくことなどが必要だということなのではないでしょうか。

これらの3つのことをまとめると、今の日本社会は差別が必要で、「隙間」がなくなって、強力に人々を良くしようとしている社会だということになります。このことは、この場でも何度も話してきましたが、いわゆるその社会の個体化と非常に密接に関係しているであろうことが予想されます。特に、日本の場合は、戦後の消費文化社会化というようなもの、それから、バブル以降のいわゆる新自由主義的な政策の強化などによって、より強烈に、強力に、社会の個体化だとか分裂化というものが進んできていると見るべきです。結果として、国家も含め、国家や国民の精神をも分裂させているのだと思います。このような見方については、フランスの哲学者であるドゥルーズやガタリという人たちが著した『アンチ・オイディプス——資本主義と分裂症』という書の中で詳しいです。個体化がどんどん進んでいくと、やはり国そのものも分裂化していくし、人間の精神性も同様に分裂化をしていく傾向があるというような言い方をしています。こうした現象の指摘は、そんなに新しい話ではなく、国家が分裂していくとなると、国家は再統合しようとするであろうし、人間も分裂してしまった精神を１つの治療対象であるとし、意識の中で理性化することによって精神のバランスを保とうとします。国家の場合は、その再統合方法として、国家に再分配するだけのお金がある時は、福祉国家などを目指し、平等で高度な福祉的保障を基盤にして国家の再統合を目指すことになります。しかし、福祉などに回すような余剰の利益がない時代だと、当然のように福祉的なものに頼ることはできず、お金のかからない違う方法を使うことになるのです。その一つの道具立てとして、先ほどから話が出てきている、道具としての民族主義的な差別や、災害やスポーツや万博のような事件・イベントを利用した国民的絆の強化策であったりするわけです。

そうするとちょっと嫌な指摘かもしれませんが、日本の社会は、まさにそういう状況になっているのではないのかということなんです。問題は、もしそんなふうに日本も含めた世界全体の流れがなっているんだとすれば、僕たちはそれなりにそうした流れに対して、ストップをかけるため抗っていかなきゃいけないんじゃないかと思ったりするのです。

この回の淳一さんのお話をもう一度考えれば、そこから学んだ方法である排除をしない、隙間をつくる、良くしようと思わないということが、やはり、今の社会で必要とされている大事な視点なのではないでしょうか。さらに言えば、そのことを継続し運動のような形でやっていくためにはどうしたらよいのかと考えたとき、やはりその実践の要となるのが「集まる」ということなのではないかと、僕はこの回のお話を聞いて再認識をしました。「集まる」ということは簡単に言って、先ほどから話をしている個体化とか分裂化の逆の行為です。生物学的な表現をすれば、「群体化」、群れるほうですね、群れるほうの群体化というような言い方ができるかと思います。群れることによって、群体化することによって、市民の側が、失ってしまった「共同体性」だとか、「自由」だとか、「イノチ（生命）」の大事さだとか、「自己決定権」だとか、まさに主体を取り戻すというような運動をしていくことが大事なのではないかとこの回の話を聞いていて強く思いました。

第5章

講座のまとめ「居場所をどうつくるか?」
――これからの社会との関わりから考える

柳下 換

みなさん、こんばんは。今日もよろしくお願い致します。早いもので1ヵ月すぐに経ちまして、本日は最終回ということになりました。全体のまとめやら、今、高橋先生のほうからお話がありましたように、これまでの4回の講座を踏まえて、居場所にとって大切なものはどういうものであるのかだとか、そもそもの支援というのは一体どういったものであるべきなのかとかいったようなことを、意見交換をしながらまとめていきたいと考えています。

最初に、すぐの話で申し訳ないんですが、みなさんに今回の講座を振り返りながら考えていただきたいことがあります。それは、この4回の講座を通して、自分なりに居場所に必要だと思うもの、大事にしなくてはいけないと思うもの、それはどういうものかと、ちょっと考えていただきたいと思います。今、ポストイットを持ってきますので、そこに2つぐらいその要素を書いていただいて、前のほうに貼り出そうかなと思います。

それでは、それは考えておいていただいて、このあとの流れは、一旦それを集めさせていただきまして、みなさんの意見を基にして全体のまとめをやっていきたいと思うんですが、それをまとめるにあたっての道具立てとして、そのヒントになるようなことを少し話をしたいと思っています。

今までの流れの中で、特に、話してもしょうがないんですが、僕自身のことをあまり話していなかったので、考えることの少しヒントになるかと思われることを、短い時間ですけどしゃべらせていただいて、そんなものも1つの考えるための道具立てとして、まとめに段々と入っていきたいと思います。

僕自身のことといっても、それを全部話をすると大変時間がかかってしまうので、だいぶ端折りながら急いで話をしていきます。僕自身は以前はですね、短い間だったんですけれども、教員をやっていまして、それも別に教員を目指して教員になったわけじゃなくて、結果として教員をやってたんですけど、最初は高校で教えていて、最終的には小学校で教えていたんですね。小学校を辞めたあと、それが1982年ぐらいだったんですけども、そのあとは1983年の頃から自分で地域の中で学習支援の場であるとか、オルタナティブスクールという形での学びの場というものの運営をしてきています。大学でも教えるようになって、もう10年ぐらいになりますかね、そのきっかけは、その前ぐらいからいろいろと自分に関係していることを大学でも話をさせていただくという機会をいただきまして、その後はいくつかの授業も担当させていただいています。なので、小学校・中学校・高校・大学で教えた経験があって、最近すっかり忘れてたんですけど、3歳児保育でも1年ぐらい何か教えてたことがあったなっていうのを思い出して、しあわせなことに、全世代で教えたことがあるなっていうように思い出したところで、幅広い経験ができたことを感謝しているこの頃です。83年以降、僕の中では、あくまでも自分は研究者ではなくて実践をするという意味で実践者という立場をとっています。

したがって、そうした意味では、何も学術的に何かをお話をするというような立場ではないのですが、ただ自分のそういう実践をしっかりと、保障するというか、補強するというか、そういう意味で理論的なことについても少しちゃんと勉強していこうと思い、学術的なことも含め研究活動も始めています。

学びの存在論的検討

それで、研究の方でどういうことをしているのかというと、ちょっとこれも専門的な言葉になって難しいのですが、「学びの存在論的な検討」っていうのを僕のテーマにしています。「学び」というものがどういうものなのかということを実証的に説明をするということを研究しています。特にこれがくせ者なんですけど、存在論的に学びのことを考えるといったときのこの存在論的っていうのが一体何かということになります。このことを説明しようとすると、これはこれで大変長い話になってしまうので非常に簡単に言いますと、存在論というのがちょっと微妙なんですが、そもそもが、欧米の思想、形而上学的なものの考え方の中で存在の問題というのが問われてきたということになる点ですね。その存在の問題を集中的に問い考えた哲学者が、ハイデガーという人です。それで、その存在というのは一体何かっていうと、彼の言葉で言えば、存在とは何かと問われれば「被制作性」だというようような言い方をするんですね。もしくは、「現前性」というような言い方をします。それはどういうことを言っているかというと、物は、既に在るんだという話です。既に在るっていうのも、またなかなか難しい、後から作られて在るのではなく、もう既に在るということなんですね。なんで存在論的検討が必要かと、僕が考えたのかというと、「学び」をどう見るのかという問題なんですね。

西野さんのときに話をしたように、僕は「学び」というのは、やるなと言ってもやり続ける、人間にとって生きるための本能的な行為だと言いました。したがって、もしも人が自ら学ばないのであれば、それは何か阻害している要因があるので、それを取り除くことが僕たちの役割、僕たちのオルタナティブスクールでは、教員という呼び方をしないで、メンターとかメントアっていうふうな言い方をしますけれども、いわゆる援助者とか、助言者とかという意味です。とにかく、そういう主体的な学びを阻害しているものを取り除くことによって、本来、人が持っている学ぶ力、そういう本性的な能力を引き出す、もしくは、そういうものを伸ばしていってあげるというようなことなんですね。ただ、その力というものが本当に存在しているのか、存在していないのかということを、できれば実証的に証明したいというのが僕の研究のテーマになってくるんです。

「学び」・「イノチ（生命）」から沖縄に注目する

実証的に学びの存在をどういうふうに証明していったらよいかと考えたとき、着目したのが沖縄という場所だったんですね。僕が沖縄に関わるようになったのは80年代の終わりぐらいからなので、もう相当長く関わってるんですけど。そもそも、沖縄という場所を研究のフィールドとかにして、そうやって関わるようになったのには、２つ理由があって、１つは、「平和」という問題をどう見るかっていうこと、これは研究とはまた別の自分の中のテーマとして、いつか沖縄に関わらなくちゃいけないなと思っていました。それからもう１つは、今言ったその「学び」の検討ということから、沖縄にあるそういう何か力みたいなもの、存在論的な力みたいなものを拾い出すことができたらいいのかなというような視点を持っていました。沖縄には、もともと、ものが再生する力があるというようなことを言われます。沖縄の古い言葉の中でも何度も繰り返し使われている言葉があります。その言葉はどういう言葉かというと「スデル」という言葉なんですね。「スデル」って言う言葉はどういう意味を持っているかというと、再生する、再び成るっていうそういう意味があります。これはまさに、先ほど来言っているような学ぶ力のように、学ぶという力が繰り返し再生されるというようなことと近いのじゃないかと思って、その沖縄の中に在るそういう力みたいなものを探る旅といいますか、そんなことをずっとしてきています。

今回の思索の１つの補助線として、そういう沖縄の中にある、ある種の現象といいますか、様々に起きていることの中で、僕が特に注目をしたのはなんだったのかというと、沖縄にある平和運動です。その平和運動はいくつかあるのですが、その原点的な平和運動が、戦後の沖縄にあります。それを注目することによって、まさに、今、居場所の原動力と重なるようなこと、または、その存在のヒントになるようなことに気づけるのではないかと考えました。なので今日は、僕が、そのことを知ったことで、居場所の原動力の存在が、より明確になるきっかけとなった沖縄の平和運動を１つ紹介させていただき、そこからわかるいくつかの要素を今回の講座をまとめていくための道具として活用していきたいと思います。

その平和運動を紹介をします。縦書きになっている方の資料を見ていただきたいと思います。沖縄にあった平和運動というのはどういう運動なのかと言いますと、沖縄のことをご存じの方であれば、あの場所かとすぐにわかると思うんですが、沖縄の中部、真ん中よりかちょっと上ぐらい、北寄り東シナ海側のところに伊江島という島があります。この伊江島という島で、１９５０年代の前半から行われた平和運動です。

どのような平和運動だったのかと言いますと、これもこのことだけを丁寧に説明すると大変長い話になってしまうのでごくごく簡単に話をします。１９５０年代の沖縄というのはこれもご存じだと思いますが、いわゆる日本から切り離されて、米軍の占領下に置かれていた時代です。まだ日本に復帰する前の話ですね。よく知られているように１９５０年頃から、朝鮮半島で戦争があり、いわゆる沖縄にあった米軍基地が機能を拡張するために、既にあった基地を広げるということがその50年代の最初に行われました。伊江島にも、もともとは日本軍の基地があり、その跡を接収した米軍が基地を置いていたんですが、当時、その基地も拡張するということになりました。

ちょうど50年代ですから、戦後まもなくいろいろなところに強制的に疎開をさせられたり、収容されていた伊江島の島民の方々も、すでに戻ってきていましたが、自分たちの土地が基地の中とかに取り込まれてしまっていて、それでもどうにかその間にある空き地とかを開墾し、もう一度生活を立て直そうとしていた50年代の中盤、その矢先、今言ったような理由で、米軍が強制的にその土地を収用するというような話になったんですね。射爆場として使うということだったんですけど、ようやっと、もう一回生活を取り戻すために開墾をした農地が基地に取られてしまうということで、伊江島の農民の方々が反対運動を起こすのです。その反対運動の中心となったのが、阿波根昌鴻《あはごんしょうこう》さんという方でした。阿波根さんのことだけを語ってもこれもまた長い話になってしまうのですが、そもそも、阿波根さんは伊江島で、新しい農業の形、農業を中心とした学校をつくろうと思って自分の土地を確保し、そこを開墾をしながらその農業学校をやろうと思っていたところに自分の土地がそんなふうに収用されていくというような形になります。そこで彼は、やめてくれということで運動を開始するわけなんですね。島民たちが彼とも一緒になって、土地収用に反対する運動を展開するわけです。しかしながら、当時、今、話をしたように、米軍は沖縄を占領している立場ですので、無法的に好き勝手なことをするわけです。したがって、強制的にその土地を収用しようと試みます。よく沖縄で言われた言葉ですが、「ブルドーザーと銃剣」を使って土地を取られるというようなことになっていったわけです。そのときに当然のように彼らは、そうした米軍の横暴な行為に対して抵抗をします。さまざまな抵抗を彼らはするんですね。

　彼らは非暴力で抵抗をしていくわけなんですが、このときの彼らの抵抗運動にはいくつかの特徴的なことがありました。それも丁寧に本当は説明したいところなんですが、あまり時間をとっていられないので、資料に持ってきたことだけを中心にして話をしたいと思います。まず、彼らは米軍と抵抗するときに、自分たちなりの抵抗の規定を作ります。それが「陳情規定」と呼ばれている規定なんですが。資料の９ページになっているところにその規定が書いてあります。１つ１つの項目を読むと、本当によく考えて作られた規定だなというように思います。その中で特に注目をしてほしいのは、後ろから２つ目に書いてある規定で、こういう規定があります。「人間性においては、生産者であるわれわれ農民の方が軍人に優っている自覚を堅持し、破壊者である軍人を教え導く心構えが大切であること」、というふうに書いてくれてます。これが非常に重要な点の１つだと思います。まさに軍隊って破壊ばかりで何も生み出さない集団なんですね。それに対して農民というのは生産をする、作物を生み出すというそういう立場にいる人たちです。彼らはあくまでも、破壊者であるところの何も生産しない軍隊よりも、生産をしているわれわれ農民の方が、人間的に優位な立場にあるんだということを中心として、反対運動を展開していくというように位置づけるわけです。これはすごく重要なことで、彼らはこの枠組みと言いますか、抵抗の形を「軍隊」と「農民」というふうに位置づけたわけです。「農民と軍隊」、彼らからしてみれば、これはすごく重要なことだと思います。なぜ重要かと言うと、現在の日本を考えてみるとよくわかると思いますが、たとえば国が横暴な形で、その国民というか市民を抑圧するとか、弾圧するということをした場合、それに対して抗うときの基本的な方法というのは何かと言えば、それは法的に、国を相手にして闘うっていうふうなことになるのが普通だと思います。したがって、国であろうがなんであろうが、闘うときの1つの手法として法律とかがあって、法の規定に従って国ともやりとりをすることができるわけですよね。ところが、当時の沖縄の農民っていうのはどういう立場にあったかと言いますと、先ほども言いましたように、米軍の占領下だったがゆえに彼らはどこにも属してないという立場だったわけです。無所属ですね、国民という立場ではないわけです。国民という立場ではないものが軍隊という国家の組織、アメリカの組織であるものと、抗うというか抵抗をするときはどうしたらいいのかというと、どこにも訴える場所がないわけですよね。そうしたときに、では、どういうふうな形で彼らは米軍と対峙するかといったら、まずここに書いてあるように、自分たちを農民であると位置づけたんですね。これはすごく重要なことです。国家に所属をしてない人々が、国家に対峙するときに、自分たちを農民であるというふうに位置づけたということは、まさに人として、ここにも書いてあるように、国家に属している軍隊よりも上の存在で私たちは在るんだということ、もっと大きなところに属しているんだということを明らかにしたという点で、すごく彼らの運動の趣旨として大事なことだった考えます。

それから、もう一点、資料の裏側です。さまざまな方法をとって彼らは、その米軍と対峙をするわけなんですが、特に、彼らがとった方法として重要だったのが、たとえば資料の10ページの後半のところにある、反対運動の中で兵士、1人1人に対して呼びかけるんですね、どういうふうに呼びかけたかというと、たとえば、後半のところ何行かに書いてあるように、「理解あるアメリカ人に告ぐ。本国で家族が待っています、ベビーは大きくなりました。百歳たらずの人生をしあわせにおくりましょう。世界の人類はみんな兄弟姉妹です。にらみ合いをしないで仲よくしましょう。賢明にして理解ある米合衆国民。現地隊長ドーリー中尉もいい人。嘉手納からくるロー大佐も人間性豊かな、理解ある立派な方。私たちは皆さんの善意に学びたい。土地を返せ、ここは私たちの土地である。」というふうに呼びかけるんですね。これもまた大変重要な視点、つまり、対軍とか対国家と対峙をするのではなくて、その現場にいる兵士一人一人に同じ人間ではないかということで声をかける。これは結果としてどういうことが起きてくるかというと、当時、伊江島に派遣されていた米軍兵士たちの中には農民の出身の人たちもいたんですね。そうしたらば、同じ農民であるということで、立場は違うけれども、たとえば先ほど言ったみたいに、作物を作りイノチ（生命）を育むとかという共通の理念を持ってるということに気づいていくわけです。その中で会話がちゃんと生まれて、上司っていうか上からは強制的に何かをやれというようなことを現場で言われても、現場の兵士たちが、ちゃんと農民たちを人間扱いするっていうふうなことにつながっていくわけなんです。最終的にこの運動がどうなっていくかということについては、いろいろな問題が残るのですが……。これが50年代の土地闘争と言われた、代表的な平和運動の1つであった伊江島で行われた平和運動ということになります。

沖縄平和運動の中にある「学び」

沖縄・伊江島での土地闘争で行われていた様々なそうした手法というものが、先ほど言った「学び」とかに深く関係しているような気がしました。特に、この運動で、彼らがとった大事な行動の1つが「学び」だったのです。そして、もう1つ大事だったことは、「対話」ということになります。彼らは、運動をすることで学ぶことの意味を学んでいくことになります。米軍に対峙するために、彼ら自身が学び続けていかなくてはいけないということを学ぶんですね。それはどういうことかと言うと、先ほど言いましたように、自分たちが生きていくためには、法律のことも学ばなくちゃいけないだろうし、哲学的なことも学ばなくちゃいけないだろうと、特に国家とかからの援助がない中で、自分たちの力だけで闘っていかなくちゃいけなくなったとき、やはり、学び続けるということがすごく有効な闘いの手段であると彼ら自身が気づいていくようになるんですね。

話がちょっと飛ぶんですが、何年か前に、一橋大学だったかな、スピヴァクというアメリカの女性文芸批評家の講演を聴きに行ったとき、彼女はインド出身で、アメリカの大学で教えている方だったんですけれど、彼女のアメリカでの業績は、デリダっていうフランスの哲学者の脱構築という方法をアメリカに紹介したことで有名な方です。デリダが提唱するいくつかある脱構築の方法の中で、脱構築とは何かということもまたちょっと難しいんですけど、その方法の中で、まさにその価値観を転換するため、もしくは社会を変革するための運動として大事なことは何かと言ったとき、デリダはそれは「代補の運動」だというような言い方をするのですが……。彼女が、世界の実践（運動）の中で、その代補の運動となるのは何で、どこにあるのかという話になったとき、彼女にとってはちょっとしたサービスだったのかもしれないんですけれども、世界にそうした運動を展開した場所が２ヵ所あるというように言って、１つは、彼女自身がインドで運営しているオルタナティブな学校による教育的運動を挙げました。そして、もう１つの運動は、沖縄・伊江島における阿波根さんらの平和運動だと言ったんです。それらの運動の核心に共通してある大事なポイントは何かと言ったときに、彼女は「学ぶことだ」と明快に言いました。そのとき、改めて、「学び」の重要性を認識させられたのをよく覚えています。

講座のまとめ

ということで、短く端折って沖縄での平和運動の話をしましたが、今、話したいくつかのポイントを頭に入れつつ、今回の講座で話し合われたことのまとめを考えていきたいと思います。ポストイットのほうに、先ほど問いかけさせていただいたことの回答を書いていただいて、それを一旦こちらで集めさせていただきたいと思いますが、どうでしょうか。居場所に必要だと思うもの、大事にしなくてはいけないことを書いていただけたでしょうか。とりあえず、ざーっと前の方に貼らさせていただきます。説明をするために、便宜的に区分けをしてみました。厳密に言うと、もっとしっかり分けていきたいと思うんですが、とりあえず２つの軸で、みなさんが今回の講座の中から読み取った、居場所にとって大事なこととはどういったものがあるのかと分けさせていただきました。では簡単に、こちらの集まりと、あちらの集まりということで、読み上げてみましょう。上のほうの集まりは、本当はもっと正確に場所を変えるべきなんですが、とりあえず大きなかたまりで見てください。

上側のほうのかたまりは、「社会資源の情報」「優しい気持ち、力を充電できる空間と時間」「居場所に来た人、さまざまな背景を持つ人たちを受け入れられる運営体制」「平和、学び」「フラットな関係性」「安心して失敗できる場所」「居場所に来た人たちが、また来ようと思える空間」「居場所には食が必要」「加えるよりは引き出す組織経営の視点」「評価・支配されない」「時間を共に過ごす」「マイノリティが、素でいられること」「子どもが安心して、たくさん行動できるようになるためのアタッチメント形成の場であること」「安心できる空間の提供」「参加」「そこに居たいと思えること」「人と人とのコミュニケーション」「無条件の肯定的配慮、共感的理解」と、こんな感じでしょうか。

そして、横軸のほうはどういうのがあるかというと。「良くしようと思うことを忘れる」「心豊かで、見守る人（大人）」「曖昧さと複雑さへの耐性」「許すことと許されること」「安心」「寛容さ」「安全安心」「共感してくれる、しあえる相手がいること」「信頼」「感謝」「希望」「自分のことを自分で決めること」「自由」「安心して自分を出せる」「お互いに尊重しあえる」「人間の存在を互いに感じられること」「寄り添い」「いつでも話を聞いてくれる人、場所」というような形です。敢えてこの２つの塊というふうに考えたときに、便宜的につくった２つの軸というのは、縦軸と横軸はどういう視点で設定したというように思われますか？　今、みなさんに書いていただいたことからもわかると思うんですが、居場所にとって大切なこと、必要なことっていうものを考えたとき、２つのポイントがあるように思います。その２つの要素で、この２つの領域に分けてみました。縦方向と横方向の、この分けたポイントは一体何だと予想されますか？

居場所に必要な2つの視点

はい、基本的にみなさんも同様の視点をちゃんと持っていらっしゃるなという感じがします。どのような視点で２つに分けたかというと、縦軸のこっちの方向性に関しては、どちらかと言うと、「政治性」です。たとえば、構造的な視点になります。横軸の方向性はどういうものに着目したかというと、それは、「情動的」なもの、もしかしたら、自然とか本性とかいったものに属するという視点です。なので、先ほどみなさんに言っていただいた精神的なものとか、権利だとかというものと基本的に重なると思います。つまり居場所にとって、大事なもの、必要なものは大きく分けると、おそらく、この２つの視点が必要になるということだと思います。

今一度、この２つのことを整理させていただきます。１つは、今回の講座における実践的な話の中で出てきたと思いますが、やはり、こういう情動性だとか、自然とか本性のようなものをきちっと保障をするような場所をつくっていくこと。その代表的な言葉としては、まさに、ここにみなさんに出していただいたような、「安心」だとか、「寛容」だとか、「自由」だとというような、そうした要素をしっかりと担保した場所でなくてはいけないっていうことですね。そして、もう１つ、こちらはどちらかというと忘れがちな点だと思いますが、敢えて「政治性」っていうような表現をしました、構造的な意味で、そこに抗うと言ったほうがよいのかもしれません。後者の要素において、意識をしなくてはいけないことは、みなさんに指摘をしていただいたように、たとえば、「ちゃんと受け入れることができる運営体制を、しっかりとつくる」であるだとか、「社会資源の情報をしっかり活用する」だとか、「参加者の持ち味などを引き出せるような組織経営の視点を、ちゃんと持つ」だとかというようにして、政治的な評価だとか、構造的な力によって排除されないような居場所にしていくことは、とても大切なことだと思います。往々にして、情動的なことの保障という方がわかりやすいので、こちらが中心になってしまうこともあるのですが、やはり、一方では、政治的な構造性などによってその居場所が居場所じゃなくなってしまう可能性を孕むことにも、注意が必要だと思います。ともかく、子ども・若者が、居づらくなってしまうような場所になってしまったら意味がないので、この2つの視点のバランスをしっかりと保ちながら居場所というものをつくっていくことが、必要なのではないかと今回の講座における話や話し合いを聴いていては強く思いました。

さらにこの先のまとめの話になってきます。

2つの対話

こちらであれ、あちらであれ、これは先ほど話した沖縄のこととも絡んでくるのですが、前半にまとめた2つの要素において、居場所をつくっていく、もしくは、維持していくために必要な手法があることに気づいた方はいらっしゃいますか。ともかく、居場所で大事にしていかなくちゃいけない手法、方法があることに気づいた方はいらっしゃいますでしょうか？「対話ですか！」（参加者）。そういうことですね。前半にまとめた2つの要素、どちらであれ、必ずそこで重要になってくる方法が、「対話」ということになります。

では、後半を進めて行きたいと思います。今、前半の話として、居場所づくりにとって大事な要素とは大きく分け、2つあるということを紹介させていただきました。みなさんに書いていただいて、ちゃんと要素が2つに分かれたということから、居場所づくりにとって、この2つの要素が大事だということをみなさんに理解していただいていることがよくわかりましたので、それは今回の講座の成果だなっていうような感じがしています。そして次には、この要素を基にし、どちらの領域であれ、その居場所でこれらのことが、きちっと根づくようにするためには、何が必要なのかということになります。

そうすると、ご指摘があったように、それは、どちらであれ、「対話」というものが必要なんだということが明確になってきたわけです。それでは、この対話と言ったものが一体どういうものなのかということを、もう一度整理してみたいと思います。これもなにも新しく話をするわけではないのですが、この講座における学びの成果というように考えていただいて構わないと思います。

一般的な話から進めて行きたいと思います。これは僕の視点なんですが、「対話」と一言で言っても、「対話」には2つの対話があると僕は考えています。その2つの対話とも大事ではあるのですが、2つの対話の違いといいますか、対話のあり様についての説明を最初にしたいと思います。名称のことから言うと、僕は、その2つの対話のことを、1つは、「モノローグ的な対話」と呼び、もう1つは、「ディアローグ的な対話」と呼んでいます。このモノローグ的な対話と、ディアローグ的な対話というのは何がどう違うのかということなんですが、敢えて居場所における対話で必要なのはディアローグ的な対話だというように僕は考えています。このモノローグ的な対話っていうのは、では、全然必要ないかといえばそうでもないのですが、簡単に説明をすると、そもそもこのモノローグ的対話をもし言い換えるとなると、先ほどから話をしているような欧米的な視点と重なってしまうのですが、「内省主義的な対話」ということになります。なぜ、その内省主義的な対話があるのかということについては、詳しく説明するとまた長くなっちゃうので簡単に説明しますと、内省的な対話を具体的に言うと、これは近代以降の日本ではよく言われる言葉なんですが、「自分の心に聞いてみな！」っていう話ですね。「自分の心に聞いてみな！」ということで、その意味は、「反省をしろ」とか、「反省をして前に進め」、みたいなことになると思います。

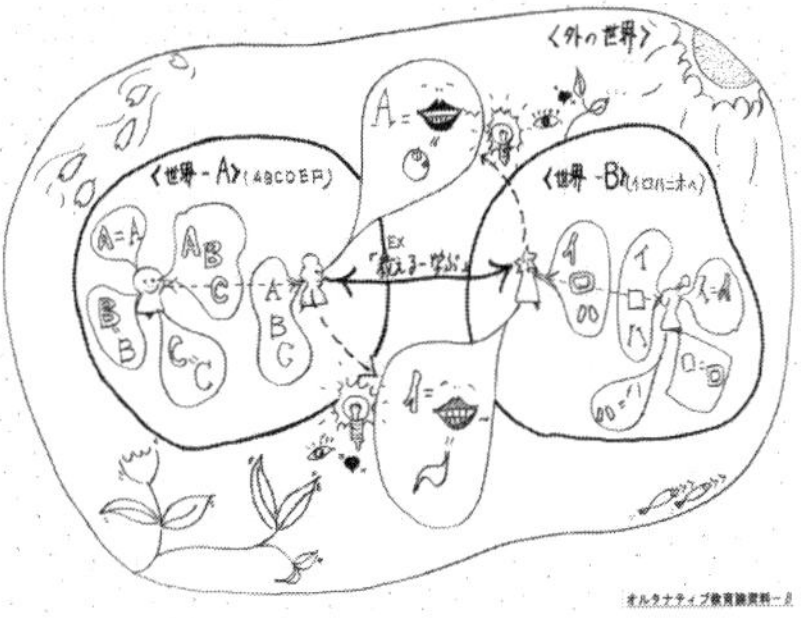

私の考える対話

　そもそも、どうしてそんな話になっているのかと言いますと、欧米における形而上学的な視点で見たときに、ヨーロッパ社会などが目標にしていたものは何かというと、いわゆる自律的な人間、自律的な精神を持った人間を目指すということだったんです。やはり、すごく人間中心となった社会だったということですね。そうするとその中では、何か失敗をしたりすると、まずは自分に問うて、自分自身に何かそういう失敗の原因がなかったのかということを明らかにしてから先に進むということで、自律的な精神を育みなさいというような傾向が強かったわけですね。

よく僕が、例に出す話としては、ちょっとこれも嫌な話ではあるんですが、ナチス時代のドイツで、ヒトラーがよく演説をしたんですが、彼の演説には１つのパターンがあって、締め言葉があるんですが、これから戦争をしようとかというときに彼は国民を鼓舞するために、こんなふうな言い方をするんですね。「我々の敵はイギリスでもフランスでもない、自分自身の中にある」というように言うんです。つまり、自分自身の中にある敵に打ち勝ってこそ、本当の勝利を得ることができるというような言い方をするんです。そうして、より立派な自律的人間を目指せというような話なわけです。これはまさに、意識の中で自問自答を繰り返すことを重んずるという話になってくるのです。自問自答した結果として、その精神性の問題だとか、神の存在証明の問題だとかというようなものにつながっていくのですが、とにかく、そういう流れの中で自問自答しながら人間性を高めていくという考え方が、そのモノローグ的な対話につながってくるということです。確かに、だから、そういうモノローグ的な対話というのも必要なんですが、でも、その陥りやすい失敗っていうのはどういう点かというと、実は、人と対話をしているときも、誰々さんに、これはこれこれこうだからこうしたほうがいいんじゃないのかだというような、諭したりする場合のようなそういう対話をしていたとしても、そこで発している言葉や、その言葉に対して戻ってくる言葉も、自分の中にある言葉を反芻してるだけなんですね。何も新しいことを言ってるわけではありません。同じ共通理解をしていると思われている、その言葉を何度もやりとりをしているだけで、もうすでに以前からある言葉を使って会話をしてるだけなんですね。その言葉は、何度も何度も繰り返すことによって、これはもう他者性の問題とも関わってくるんですが、自分が自律した人間になったことを人間以外のもっと高みにいる誰かに認めてもらわなくちゃいけないという話になってくわけです。これが神の存在とかに関係してくるのですが…。確かに、そういう内省主義的なモノローグ的対話というのも、ある一定のところまでは必要なんだけれど、その強度を強めていくと独善的になって独我的になっていくわけです。だから、その強度をどうやってコントロールするかというのが欧米なんかでは、形而上学的に言うと１つの大きなテーマになってくるのです。

それに対して、デイアローグ的な対話というのは一体どういう対話なのかということなんです。ディアローグ的な対話のイメージを図にしたものを今日は持ってきました。これがディアローグ的な対話の僕が考えているイメージです。先ほどのモノローグ的な対話のように自問自答を中心とする対話に対して、ディアローグ的な対話というのはどのようなものかと言いますと、ちょっと難しい言葉で言えば、違う言語ゲームに属している者同士が何かのきっかけで対話をするときに発生をする対話のことを言います。つまり、先ほど言った、「隙間」とか「空間」で対話をするときに必要な、対話の手法というように考えています。違う言語ゲームというのは何かって、これもまたちょっと難しいんですが、たとえば、具体的なイメージでいうと、アメリカ語しか話せない人と日本語しか話せない人が出会ったときに、これは何ですかっていうように問うたとき、お互いにどうやって対話を成立させようとすると思いますか？　たとえば、身振りそぶりかもしれないけど、水のボトルをこんなふうに真ん中において、日本人が「水、水」と言って、それに対して、アメリカ人が、「ウォーター、ウォーター」というように言ったりする、すると、この物体は水、またはウォーターなんだって、そこで初めてお互いがわかるわけですよね。この構造というのは瞬時に入れ替わるわけですけれども、非対称的な関係性になっているわけです。日本人は水という言葉の意味はわかるけれども、アメリカ人は水という言葉の意味がわからない。アメリカ人はウォーターという言葉の意味はわかるけれども、日本人はウォーターという言葉の意味はわかりません。このように各言葉の意味における理解は、非対称的な関係になっているわけです。そうすると、非対称的な関係になっているときの対話っていうのはどうなるかというと、そこで必ず起きるのが、この図に書いてあるように、〈教える－学ぶ〉という関係性なんですね。言葉の意味などがわからない者同士が、最初にそうやって、〈教え－学ぶ〉という関係性を構築することによって、対話を成立させようとしていくということなんです。

つまり、僕たちの居場所などで大事なのは、自分自身が持つ価値観を反芻するようなモノローグ的な対話ではなくて、むしろ、お互いの価値観の違いなどを認め合った上で、共通点や合意点を擦り合わせるようなディアローグ的な対話を行うという意識をいつも持たなくちゃいけないということなのです。そのための重要な点は、〈教える－学ぶ〉、もしくは、〈学ぶ－教える〉という関係性をきちっと維持していくことの重要性ということになってくるわけです。

先に結論というか、その先のことを先回りして言うと、じゃあこのディアローグ的な対話を重ねていくと、最終的にどうなっていくのかということなんですね。そうやって違う価値観を持っている者同士が対話をすることによって、価値観を擦り合わせていくという作業をしていくと、どういうことが起きるかというと、所属している、それは国家という形でもいいですし、民族でもいいですし、今言ったある種の言語ゲームなんですが、所属している言語ゲームが違くても、両者が人間であるいじょうは共通して在る何かが存在してるよねって気づくということなんです。ディアローグ的な対話を繰り返していく、積み重ねていくと、最終的には何に気づくようになるかというと、お互い人間、もしくは生き物であるいじょうは、共通しているものが在ることに気づくっていうことなんですね。それは先ほど、沖縄の平和運動の中でのそうした話をしました。軍隊と農民が、まさに彼らはディアローグ的な対話を重ねたわけです。その結果として最終的に彼らは何を共有化していったかというと、「やはり、大事なものがお互いにあるよね」、ということになってくるわけです。それは何かっていうと、やっぱりイノチ（生命）を大事にしていこうというところなどに到達するということです。

このことはこの講座の中でも、いろいろな人たちが実際に、実践としてやっていることが、話として出てきてますよね。居場所に属している子どもや、若者や、生活者の人たちとの対話ということになります。確かに、これは知らないうちにディアローグ的な対話をしていたわけなんだけれども、今回の講座では、多くの場面で繰り返しみなさんに質問をさせていただきましたが、あの質問というのも、モノローグ的な対話での回答をするのか、それとも、ディアローグ的な対話での回答するのかをずっと見ていたんですね。結果として、みなさんは、ちゃんとディアローグ的な対話をするようになっていきました。つまり、自分の価値観や体験を一方的に、子どもや若者に押しつけるような対話ではなくて、こういう見方とか、こういう考え方もあるでしょ、というようにお互いの意識をすり合わせるような対話を講座では繰り返してきました。そうすると、先ほど類分けをしたような、政治的なことだとか、構造的な問題なんていうのは、ちょっと過激に言うなら、どうでもよくなってくるわけです。つまり、いわゆる学校的な価値観だとか、今ある日本の社会構造的な価値観なんかに囚われる必要はないんじゃないの、何を優先したらいいんですかという話になったときに、お互いに、イノチ（生命）が大事でしょという話に最後にはなるわけです。したがって、居場所での対話で重要なのは、こういったディアローグ的な対話を積み重ねることによって、その両者の共通の意識、まあ、これも哲学的な言い方をすると、ある種コモンセンスということになってくるんだけど、ただ単純に人間のイノチ（生命）だけを大事にするという話ではなくて、地球における単発の一世代の死とかじゃなくて、生き物が30数億年維持しているというイノチ（生命）存在の連続性の大事さ、これをどう守っていくのかというところに、やはり到達していくことになるでしょう。だから、多くの子どもたちが問いかけなどしてきた時に、何を優先するんだって話になったのなら、とにかく、まず、イノチ（生命／生きること）を守ろうよって話が、一番大事なことだと伝えなくてはいけないと、対話の相手となるであろう僕たちが、気づかなくてはいけないのです。

おわりに

ということで、ちょっと簡単ではありましたけれども、今回の連続講座において学びとっていただきたい大事なことは、先ほど整理をしたような2つの要素をきちんと居場所の中でバランスよく意識するということと、同時にその中で、居場所に来てくれている子どもや、若者や、生活者の人たちと、その場所を継続・発展させていくためにモノローグ的な対話ではなく、ディアローグ的な対話をきちっと積み重ねていくことが大事であると理解していただくことです。

あと、敢えて言うならば、そういう場を長く継続的に続けていくということが、1つのまた運動となるでしょう。そうした実践が、運動になるということは、それは、やはり社会変革の１つの糸口になるということです。このような視点を、今一度、再確認すると、居場所を運営し続けていくということは、１つの意味として、これは本日の一番最初の話に戻ってしまうのですが、僕たちが失ってしまったいろいろなものを取り戻すということにつながるはずです。「自由」を取り戻す、「主体」を取り戻す、「自己決定権」を取り戻す、そして、ある意味で、本当の社会を取り戻すというところにつながっているということに気づくことがとても大事なのではないかと、今回の講座での学びを通じて、僕は強く思いました。

あと、本来であれば、運動論の問題とかにも触れていかなくちゃいけないと思うんですが、今回はそこまでやるとちょっと欲張りすぎなので、今日のところはここまでにお話をさせていただいたことをもって、今回の連続講座の終わりにさせていただきたいと思います。どうもありがとうございました。

第2部

居場所と教育、社会

第6章

子ども・若者にとって、よい居場所、ダメな居場所

柳下 換

子ども・若者の居場所の役割を再確認

今回の連続講座を開催することになり、すぐに頭に思い浮かんだことは、やはり、前回の連続講座のことでした。前回行った同様の講座からは既に9年近くの時間が経っています。前回の講座では、80年代の初め頃から、子ども・若者の居場所を運営し2000年代に入っても変わらない姿勢で居場所を維持し活動を続けている数少なくなってしまった東京・神奈川の仲間の活動家たちに集っていただき、その一人一人との対話を通じ、長く変わらず活動し続けている原動力とは何かということを中心に、講座に参加いただいた方々と共に学びの時間を共有しました。

前回の連続講座の中で気づかされたことは、「運動」と「学び」、そして、方法としての「対話」の重要性でした。こうした前回講座の成果の詳しいことについては、『居場所づくりの原動力――子ども・若者と生きる、つくる、考える』（松籟社、2011年）を読んでいただけたらと思います。このような前回の講座における学びの結果として、当時の段階において、私たちが、子ども・若者の居場

所における機能／役割と言いますか、持っている力として認めることとなったものの1つは、「子ども・若者たちの存在、そのものを肯定する場」だということ、そして、もう1つは、「『対話』の場」であるということでした。

少し説明を付け加えましょう。子ども・若者たちにとって、自身の「存在」の肯定とはどのようなことを言うのでしょうか。既に、何度もいろいろな所で話し書きましたが、特に日本がその高度経済成長期だったこともあり、急激な近代資本主義社会化を成し遂げました。そして、それに伴い戦後世界において、まれに見る消費文化社会を実現することになりました。結果として、社会全体の価値観やシステムは、貨幣を獲得することを第一目的とする物質的に豊かな社会の実現を目指すためのものになったのです。こうした近代資本主義社会において、その性格から避けることのできない傾向である、社会の価値観や仕組みや市場等の個体化は、否応なしに進むことになりました。中でも、多くの子どもたちが所属することとなる学校（国家的な教育）では、当然のあり方として、こうした社会にスムーズに適応できるような人材となるべく意識を子ども・若者に自動的に刷り込む場（システム）として稼働／機能することになります。

おそらく、こうした社会のシステム化は、その原動力の根底には人間が本性として持つであろう利害関心的な意識が関係しているのは予想がつきますが、ともかく、急激なと言いますか、強力な個体化は、やはり、人間精神の疎外化を引き起こすことになるでしょう。

「存在」とは何か？と問われれば、「存在とは、現前性（非制作性）である」と哲学的には答えることになると思います。子ども・若者たちに即して言えば、既に決まった形の人間を作ることが目的となってしまった学校という場所を遠慮した子どもたちが、その理由としてよく口にする、「学校へ行くと、自分が自分じゃなくなっちゃう」という言葉を思い出すべきでしょう。これが彼らの存在を否定するということなのだとすれば、子ども・若者たちにとっての自身の「存在」とは、「自分らしく生きること」だと言えるのではないでしょうか。「自分らしく生きる」と言っても、自身が自分らしいと思っているような意識そのものが既に、何らの力によって主体化されているという懸念もぬぐうことはできませんが、少なからず「自分らしく生きる」ことを規定してる要素の１つが、「自分のことは自分で決める（自己決定権）」ということだと思います。

これらのことを基にして、子ども・若者の居場所が持つ１つの役割（機能）である「子ども・若者たちの存在、そのものを肯定する場」の意味を再確認すると、子ども・若者の居場所は、共同体的な場でありながらも、各自の自分のことは自分で決めることができる、ある意味で、『自由』が保証されている場なのだということになると思います。

そして、もう１つの機能である「『対話』の場である」ということについても少し説明を加えます。ここで言う「対話」とは、このことも多くの場で何度も話をしてきましたが、いわゆるモノローグ的な対話ではなく、ディアローグ的な対話を指します。ディアローグ的な対話の特徴的なことは、異なる言語ゲームに属する者が、互いに「教える－学ぶ」というような実践を通じ、たとえ所属しているゲーム（価値観等）が違くても生物であるいじょうは、何か第一優先すべき共通の大事なものが在ることを共有理解するようになる点です。前回の講座では、こうしたディアローグ的な対話による存在の顕在化や実際の体験を、実践報告の中やお呼びをした活動家の方々、そして会場に来られた方々とも共有化しました。

確かに、一面においては、モノローグ的対話、言い換えれば、内省的な対話も必要なときもあります。しかし、過度な内省的な対話は、独我的な傾向を強め、これまた行きすぎた相対化や本質化を招くことになります。1つの見方ではあるかもしれませんが、支援などを目的としている場などにおいて、モノローグ的な対話を強めるとおそらく2つの傾向を帯びることになると思います。その1つは、支援されている者が、自身の自律的精神が弱いと決めつけ、薄弱な精神の持ち主であるとする自分の存在を否定してしまうことに繋がってしまうこと。そして、もう1つは、支援者が支援をしている自身の存在の正統性をより絶対視するようになり、そんな自分がこんなにも手をさしのべているのに、支援を受けている者たちは、なぜ、私たち（支援者）の行為の意味を理解せず感謝もしないのだ、と強制的に自分たちの価値観などに、ある意味で暴力的に従わせてしまうような傾向を強めてしまうことです。この問題には、支援とは何かという問題提起も含まれています。

それでは、これまでの私たちの成果の1つではある「子ども・若者の居場所」が持つ大事な役割／機能が、「子ども・若者たちの存在、そのものを肯定する場」だということと、「ディアローグ的な『対話』の場」であるということを再確認した上で、ダメなにおいのする居場所について考えてみたいと思います。

ダメなにおいのする居場所

ダメなにおいのする居場所とはということで、前述したことを否定する雰囲気と言ってしまえば簡単ですが……。つまり、子ども・若者の存在を否定するようなにおいのする居場所であるとか、ディアローグ的な対話のないにおいのする居場所ということになります。しかし、否定だけでは現実的なイメージが湧かないと思いますので、少し具体的に説明してみましょう。そしてダメなにおいですので、否定の周辺の雰囲気も含めて話をしてみたいと思います。

まずは、子ども・若者たちの存在を肯定せず、否定する！ なんてことでしょう。そもそも、そんな所を居場所とは呼べないし、わざわざ自分の存在を否定されるような所に行く人は、強制されないかぎりはいないとは思います。ただ注意が必要なことは、こうしたにおいを醸し出しているような居場所の多くは、ある社会的な視点から見ると、さも、まっとうなと言いますか、正当的な支援をしているように見え、特に権威がある機関や行政からはそれなりの評価がある所が多い点です。ゆえに、そうした場所に所属をし支援活動をしている人の多くは、自分は世のため人のためによいことをしていると自賛している人が多いわけです。そんな場所から漂ってくる一番のにおいは、救済施設だという雰囲気と、何としてでも支援者を現社会に適応・復帰させるんだという現社会の正当性に対する強い信念と、救済にかける熱い気持ちが伝わってくることです。言い換えれば、関わっている人たちの自律的主体意識の希薄さが滲み出ている場所とでも言えるでしょうか。

少し考えればすぐにわかりそうなことではありますが、そもそも、支援を求めている子どもや若者は、現社会に適応できないと他者から決めつけられたとか、社会や家族や友人など他の者たちから正当な評価をされなかったりした結果として、自身の存在の意味や存在していくための自信などを見失わされているわけです。そうした人たちに、まだまだ努力が足りないのだから、もっともっとがんばって早く社会に適応する力をつけ復帰しましょうと支援するのは、まさにそうでもしなくちゃ存在する意味がありませんよと念を押すようなものです。つまり、彼らのあるがままの存在を否定することに繋がっているのです。

そして、これもある意味でわかりやすいと思います。ディアローグ的な対話が不足している居場所です。ディアローグ的な対話の特徴的なことの1つは、対話者間において交互に入れ替わるような〈教える－学ぶ〉関係です。これは、支援者や被支援者における社会的な地位差であるとか、権威差であるとか、ましてや年齢差などは関係ないことを前提とする関係です。いかにも年長者や、一般的に言われるような社会的な地位などで権威づけを笠に着て、被支援者に対し、さも悟らせるかのように上から目線で一方的に言葉を投げかけている、そんなにおいが漂ってくるような居場所は、ダメな居場所の代表的な場所であると言えるでしょう。

つまり、支援者のモノローグ的な対話が充満している居場所が、被支援者にとって誠に居心地の悪い居場所であろうことは容易く想像ができるかとは思います。こうした居場所は過度な相対化が進む場所となり、絶えず評価やいわゆる社会的な正当性を優先するような場所となっているのです。

こうしたダメな居場所のにおい立ちこめやすい場所の例として、いわゆる教科的な学習支援を中心とした場所、なかでも受験のための学習支援が中心となってしまっているような場所があると思います。こうした場所での支援者が錯覚を起こしやすいことは、ただ単に学歴（学習の履歴ではない）をつけさせることであるとか、一方的かつ画一的に決められた学校や進学塾的なプログラムに沿う／沿わせることが、子どもも希望しているみたいだし重要な支援目的であると思ってしまうことです。このような場所の多くでは、支援の中心的な目的が、現社会において一般的だと言われている制度や組織に復帰・適応させることだけが支援の第一目的（元のレールに戻すような……）となってしまっていて、そもそも居場所が持つ目的である子ども・若者たちが失ってしまった自身の存在意義などを取り戻すため、回復する時間を保証してあげたり、安心して対話をする場所を確保してあげたりするような場所とはなっていません。

もし、学習支援を中心とした居場所を作るのだとしたら、そこでの目的は、子ども・若者たちの学ぶ権利を保証する場であったとしても、いわゆる教科的な学習、ましてや受験のための学習を第一目的とした場であっては、居場所であるための大前提を放棄してしまっていると言わざるを得ないと思います。

よい居場所であるために気をつけたいこと

子ども・若者にとって、よい居場所であり続けるために気をつけなくてはいけないこととは何でしょうか。前述したことに則して言えば、子ども・若者たちの存在の意義を取り戻すことができるような環境を作ることであったり、ディアローグ的な対話が気軽にできるような雰囲気を作ったりすることになると思います。

今一度、この大事なポイントについて少し考えておきたいと思います。再びの問いとして次のようなことを考えてみましょう。では、子ども・若者の多くが、「なぜ、自身の存在を否定するようになってしまったのか?」、そして、「なぜ、ディアローグ的な対話を気軽に行うことが禁じられているのか?」という問いです。

まず第一の問いですが、これはやはり前述をしたように、日本では特に戦後の社会構造のあり方が関係しているといわざるを得ないと思います。本来、『存在』とは、現前性でした。つまり、これは人間にとって、ある意味で本性的な意識です。ですから、当然、その意識は「生きること」に繋がっています。例えば、「学ぶ」という行為は、その実際を簡潔に言えば、「生きるために学ぶ」ということになり、学ぶ行為は人間にとっては内発的な行為そのものとなります。本来、人は学ぶなと言っても学ぶ、自ら学ぶ生き物ということです。そうした生き物であるはずの人間が、市場を拡張するためであるとか、貨幣獲得を第一目的とするような教育観を前提とした学習などを押しつけられ続けたとしたら…、残念なことに今や社会全体に貨幣獲得を第一目的としたような価値観が広がり（言い換えれば、社会の学校化）、こうした社会観を刷り込まれる機会は、何も学校だけではなく日本社会全体となったと言ってもよいかもしれません。

このような状況は、まさに人の意識を後付けによる単一的な価値観によって個体化させていくわけですから、当然のように人の精神（意識）が疎外化されていきます。つまり、本来、人が持っていたはずの生きるために学び、存在するという本性的な意識が希薄化されていってしまうわけです。このことはどういった意味を持つのでしょうか。少々厳しい言い方にはなりますが、まさにこうした事態は、自身のそもそもの存在の規定性を否定する行為であるので、生命の危機であると言ってよいと思います。前置きが長くなってしまいましたが、居場所がよい居場所であり続けるために大事なことの1つがここにあります。例えば、子どもが学校に行くことを遠慮したとします。そうした事態をどう見るべきなのか。前述したような視点で見ればすぐにわかるように、自身の存在の意義を否定されること、つまり、生命の危機に直面するがゆえに回避せざるを得ない状況にこうした子どもたちは置かれているのですから、まさに本能的な自己防衛機能が稼働し、人間として健全に反応していることを、近くにいる大人たちは理解しなくてはいけないのです。

このような現代の子ども・若者がおかれている状況を支援者として共通理解しておくことは、その居場所がよい居場所として存続するためには大事なことの1つであると言えるでしょう。

では次に、もう1つの問いに関しても考えてみましょう。なぜ、現代における子どもや若者をめぐる環境が、モノローグ的な対話が中心の世界となってしまうのか。そこで、そもそもモノローグ的な対話とは何かということについても少し考えてみたいと思います。モノローグ的な対話の中心にあるのが内省主義です。この内省主義的な考えの基にあるのが、理性主義であったり、科学第一主義であったりすると考えられます。少し大きい枠から説明すれば、これも地理的・歴史的にみてどこから話を進めるべきなのか迷うところではありますが、明治以降の日本社会が近代化という欧米化、特にヨーロッパ的な文化や思想を模倣したことを鑑み、それが基となっているであろうと前提して、ヨーロッパ的な思想・哲学から話を進めます。ヨーロッパにおける社会の科学化・近代化は形而上学化の歴史と重なると言っていいでしょう。そこでは、社会の発展として、急速な科学化、言い換えれば理性化が図られてきました。簡単な言い方をすれば、その目的は、情動的な意識を自己管理できるような理性的で科学的な人間（人格）ならびに社会の完成でした。例えば、そのために教育的な手法は設計されました。教育分野におけるそうした代表的なプログラムとは、後の教養主義などに繋がるような、〈内省→独我→陶冶〉という流れでした。この流れからもわかるように、理性化の流れの根本は、内省的な行為・意識の繰り返しを経て、自律的な意識（自由等）の再認識、そして全人格的な意識としての統合という流れになると思います。この全体の流れを一言で表すならば、意識の相対化ということになります。この相対化ということが後々に考えなくてはならないことを導き出すことになるのですが、本書は哲学の話をするのが目的ではないので深入りはしません。ともかく、近代・現代の社会のあり様として（理性化・科学化・近代化／資本主義社会化）、その発展を下支えした方法が内省することだったのです。内省の導入としてよく投げかけられる言葉は、「何がダメだったのか、自分の心に深く聞いて反省しなさい」。こうした問いかけは、日本の方々も学校や社会の一場面で、一度は耳にしたことはあると思います。

このように内省をするときに、自身の意識に投げかける問いの言葉は、自分自身の言葉であることは間違いありません。すなわち、モノローグ的な対話の特徴的なことは、自問自答であるということです。確かに、こうしたモノローグ的な対話による内省的な行為は、ある局面においては必要なときもあります。例えば、学校のような場において、１つの学校的な価値観（現社会に適応することが目的のような価値観）を共有することによって集団を統合しようとするときなどです。それはどうしてかというと、内省的な自問自答を繰り返すと、その結果、自身の意識がどの程度高められたのかとか、あるレベル、例えば自律的な意識をどの程度獲得したのかを、誰か自分自身以外の他者に評価（承認）をしてもらうことが必要となります。その他者とは、人としての階層的な地位はもとより、最終的には、人間の存在よりも上位にいるような他者からの承認が必要となるわけです。ということで、最終的には、絶対的な他者として振る舞う神の承認というところまで行きつくことが予想されますが、近々の所であれば、社会的にその階層的な地位を承認・保証された集団の長と呼ばれるような人の評価です。そうした人の評価を獲得することによって、自身は成長した一個人として認められ、その集団の同じ価値観を持つ者同士のメンバーとし迎え入れられるのです。こうした視点から見ると、近現代の学校という場所、それ自体が子ども・若者の居場所にはなれないことが構造的にも理解できると思います。したがって、学校的な場所（学校的な社会）において、居場所が作られ存続することの意味については、社会構造上の視点からも検討することが必要になりますが、そのことは本書の終章で行いたいと思います。

以上のことから、おわかりいただいたかとは思いますが、近現代社会において、特に学校という場所に属している子ども・若者の多くが、モノローグ中心の対話の世界の中に閉じ込められており、その外へと出ることの契機となってしまうようなディアローグ的な対話を中心とした機会は、意図的かどうかは別としても遠ざけられているのが実情なのです。こうした傾向は、学校というような目的が明確にある閉ざされた集団においてはわかりやすいとは思いますが、今や社会そのものの学校化は進み、社会全体が学校的な価値観によって次世代の人間たちを養成しているわけなので、ディアローグ的な対話の機会は多くの場面で遠ざけられ、結果として権威付けられたり、権力を持つ階層的上位の者に強制的に従わされるようになるのです。こうした問題の先には、主体、特に近代国民国家における国家主体をどう見るのかという問題も絡んでくると予想されますが、この問題についても終章で考えてみたいと思います。

ということで、現代社会、特に戦後の日本社会は、原則として資本主義的な経済発展ならびにそれに伴う消費文化社会を目指したものでした。こうした発展を支えるための精神性などを養い再生産するために、学校などという場は機能してきました。結果として、こうした精神性を身につけた人々が学校を卒業して、もう既に何世代にも渡り社会へと出ているわけですから、社会においても同様の価値観（学校化）を持つ人々が多数を占めているであろうことは容易に想像がつきます。そして既に、同一的な価値観を再生産するような、１つの自動化された機械が稼働し続けているとも考えられます。このような社会において、モノローグ的な対話を中心とした内省主義的な手法は、ヨーロッパの例を見てもわかるように（マックス・ウェーバーの指摘など）、資本主義的経済の発展とはとても相性がよいものであったと思われます。したがって、こうした価値観は社会全般のものとして半ば自動的に浸透するものだと予想できます。子ども・若者の居場所においても、もし、そうした場所がある種の救済施設という位置付けで、現社会の組織の１つとして置かれていたとしたら、ましてや、そうした価値観を定着した現社会に復帰をさせることが目的となっているような支援者が居るような所は、自動的に内省を中心とするモノローグ的な対話が充満する場所となってしまうでしょう。

そうではない居場所であり続けるためには、支援者、被支援者が共に現日本社会に充満してしまっている画一的な価値観に囚われることなく生きていくために、一番優先しなくてはいけない大事なことを共通に理解していこうとする意識を持ち続けることが重要になると思います。そのためのディアローグ的な対話の勧めなのです。

ディアローグ的な対話の積み重ねによって到達する境地は、内省主義の最終局面と同様に、ある種の他者の存在を対話者が共通了解することです。内省主義によって獲得する神のような存在の他者のことを絶対的な他者と表現するとしたら、ディアローグ的な対話によって対話をしている両者が気がつく他者のことを「真の他者」とでも呼びましょう。ディアローグ的な対話の特徴的なことは、既に何度も説明してきましたが、異なるゲームに属する両者による、例えば、相互入れ替えが瞬時に繰り返されるような〈教える－学ぶ〉という非対称的な関係の積み重ねであるということです。こうした対話の積み重ねが、属するゲームが違かろうが、生物であるいじょうは両者に共通の生きるうえで大事なもの、つまり、「真の他者」の存在の気づきへと繋がるのです。その真の他者こそ、「生命（イノチ）」（生命一般の根拠）なのです。

では、どうしたらディアローグ的な対話が充ちる居場所となるのでしょうか。そのヒントも既に今回の講座の中にありました。ディアローグ的な対話が溢れている居場所の多くで共通して行われている活動の１つが、やはり、無条件として生きることに直結をしている時空の共有化です。例えばそれが、「食べる」ということです。食べるという行為は、たいへんわかりやすいのですが、個々の人間の所属等には関係なく生きるため行う共通の、言い換えれば、本性的な行為です。作ることも含め、食べるまでの一連の運動の過程には、否応なしにディアローグ的な対話の積み重ねが発生します。そして対話者は、生きるために行う行為である食べる行為を規定し、その土台にある真の他者である生命（イノチ）の存在への気づきを共有化していくことになるのです。ディアローグ的な対話の契機は、こうした行為だけではなく、その中心的な行為／実践である「学び」という行為についても同様です。このようにして、「食べる」ことや、「学ぶ」ことをしっかりと保証し続けていくことが、子ども・若者にとってのよい居場所を維持していくことに繋がるのです。

最後に検討しておかなくてはいけないことは、では、生きること（生命）を保証するためには、貨幣を獲得するという行為も同様ではないのかという疑問です。このことを考える１つの視点としては、国家主体の検討も必要となるので、この問題についても本書のまとめの中で検討したいと思います。

以上の点について考慮をし、よい居場所として子ども・若者の存在をしっかりと肯定し続け、気軽にディアローグ的な対話を交わすことができるような環境を作り維持し続けていくことが、よい居場所を守り続けていくための大切な要素だと私は考えています。

第7章

こんな社会に適応させることだけが、子ども・若者の支援なのか
――教育による学習支援は、経済的社会格差を縮小できるのか

柳下 換

本章では、重ねての主張とはなってしまいますが、今回の講座の土台にある問題意識の1つが形成された過程をまとめた論考を、以前、横浜市立大学論叢（横浜市立大学論叢、人文科学系列、第68巻、第1号、２０１６年）に掲載させていただきましたので、その小論を本書でも紹介しておきたいと思います。

はじめに

２０１５年12月3日の新聞では、「子どもの貧困を放置すれば、経済的損失は約2.9兆円に及び、国の財政負担は約1.1兆円増える……」（日本財団[1]）と報じている。子どもの貧困を放置することが、我国の将来における大きな経済的損失となることを伝えようとしていることはよくわかるが、これを理由として子どもの貧困を解決しなくてはいけないとする指摘には、少々、違和感が残る。この報道を読み、また、この報道のような理由ゆえに早急に子どもの貧困対策を進めなくていけないとする主張を目にしたとき、筆者の脳裏に浮かんだ直観的な違和感とは、こうした問題を経済的価値観を基準と

して、善し悪しを考えるというその前提自体を無条件には容認できない点であった。本論を書く動機の1つとなっている点ではあるが、筆者は、現在、日本で起きている子どもの貧困問題の原因の1つが、こうした日本社会の根底にある経済性を第一優先とする考え方そのものにあると感じている。

子どもの貧困問題については、なかでもその相対的貧困の状況について、厚生労働省や内閣府などから報告がされている。2015年の内閣府発行の『子供・若者白書』では、「子どもの相対的貧困率は1990年代半ば頃からおおむね上昇傾向にあり、平成21（2009）年には、15・7％となっている。子どもがいる現役世帯の相対的貧困率は14・6％であり、［…］」とあり、この数字はOECD加盟国34ヵ国中10番目に高いものであると報告している。こうした現状を受け、政府は2014年には、貧困の連鎖を防ぐことなどを中心とした子どもの貧困に関する大綱をまとめた。その大綱は、教育、生活、保護者の就労、経済的支援という4つの分野における支援提言からなっている。教育分野における支援の柱は、「スクールソーシャルワーカーの配置充実」「教育費負担の軽減」「学習支援の推進」である。これらの教育分野における支援の1つである「学習支援の推進」については、大綱の中で、「子供の心に寄り添うピア・サポートを行いつつ学習意欲の喚起や教科指導等を行う。」と書かれている。そこで、本論では、貧困の連鎖を断ち切るための方法として、政府が提言をしている学習支援というものが、実際の方法としてどの程度有効であるのかを検討し、もし、現在の日本における子どもの貧困問題を解決するのにそれだけでは不十分なのだとしたら、特に、教育的分野における支援として、その他どのようなことが考えられるかを検討する。

日本における学校教育の特徴

教育的支援を考えるとき、そもそも、支援の前提となっている、もしくは、政府などが想定している教育環境を保証するという、その教育自体が特に、現代日本においてはどのような特徴を持っているのか、少し整理をしておく必要があると思われる。そこで、本章では、現在日本の教育の特徴ならびに、そうした特徴を帯びることとなった背景について、整理をする。

現在、筆者は大学の国際教養系の学部において「オルタナティブ教育論」という講義を持っている。その講義の一部で、国家的な教育とオルタナティブ教育との背景の違いを考える上で、「対話」「労働」「イジメ」「不登校」等の問題を取り上げ学生たちと議論を深めている。そうした問題の背景にある共通の市民的な意識について意見を交わしたとき、中学生時代、不登校を経験したある学生が意見を寄せてくれた。その一部を紹介する。

意味不明なルールもいっぱいあった。私が友人に「なぜ、これは必要か?」と問うと、みんな口をそろえて「しょうがない。これが当たり前、社会に出たときに困らないために……」と言う。これにとても違和感を覚えた。じゃぁ、みんなは自分たちが将来、こういう社会の中で生きていきたいんだね、と思ってしまった。私はこのとき、自明性の転覆をはかろうとしたが、結局、自分が排除されてしまうという結果になるのである……。「転倒している社会」そのもので私は、生きていたのだと思った。

今や、社会全体が十分に学校化していると思われるので、何を持ってしてスタンダードな価値観とするのかは難しいが、筆者には上述したような感想を持つ学生の意識が異常だとは思えない。むしろ、まっとうで正統的な意識だと感じる。そうだとすれば、日本の学校と呼ばれている場所において行われている教育と言われものの特徴とは、どんなものなのであろうか。その文化、理念等にある特徴的な背景を考えるには、日本の教育・学校のあり方を否応なしに考えさせる不登校の問題などから切り込むのがわかりやすい。不登校の問題を考えるときに有効な補助線は３つある。１つは、教育を受ける権利は誰にあるのかということ。次に、教育の目的は何であるのかということ。そして最後に、学校の役割とは何であったのかということである。

教育を受ける権利については、当然のことであるが、憲法26条[5]などを参照するとよい。当たり前の結論ではあるが、教育を受ける権利は国民の側にあり、国民の主体的学びを保証するためのよりよい環境を整え提供する義務が政府というか、国家の側にある。そして、教育の目的については、教育基本法第１条[6]を読めばわかるように、国家のためではなく、「個々人の人格の完成」を目指すものであることが理解できる。最後の学校の特に、近代以降における学校の役割については、その機能について後の章で重ねて検討することになるが、是非は別として、フーコーなどの指摘[7]を思い出すまでもなく、国民を作るための規律化という役割が担わされていることを無視することはできない。

上述したような補助線を考慮した上で、子どもたちが学校に行くのを遠慮することの理由的なものを考えるのだとしたら、以下のことが考えられる。ただし、不登校の問題を考えるとき、決して忘れてはいけないことは、「子どもたちは、学ぶこと自体を拒否しているわけではない。」ということだ。そのことを踏まえ、理由的なことを考えるのだとすれば、まず第1として考えられるのは、その多くの場合が、自分が大切にしたいと思っている人の生命維持などに関係するような問題を抱えているときである。言い換えれば、一番に解決しなくてはいけない問題があり、学校に行っているどころの状況ではないという場合であると考えられる。そして、もう1つの理由は、不登校を経験した子どもたちとの対話の中でよく聞く、「自分が自分じゃなくなっちゃう気がする……」という話からもわかるように、学校という場所が押しつけてくる規律化などに対する生理的・本性的な嫌悪感にあるような気がする。このことの意味は、生きることに対する自己決定権の侵害であると理解することもできる。

子ども・若者たちに関わる問題を考える時、不登校の問題のみならず、多分に学校化された社会全般の状況を無視することはできない。中でも、教育もしくは学校という所で稼働している機能によって、学習や学びの意味が転倒されていることに気づかなければいけない。学ぶことや生きることの意味が、ひっくり返されている状況の実際が叙述した子ども・若者たちとの対話から読み取れるであろう。しかし、一方で近代以降における教育とか学校という場所が、当初から意図された機能を十分に発揮しているようにも見える。では、なぜ、日本の教育において、そうした本来、教育とか学校とかという場所が保証し、伝えていかなくてはならない価値とか意味などが転倒してしまったのか。以降の章では、教育を包括する意味での「学び」の原則と教育・学校が持つ機能ということなど、特に、戦後の日本において、その内容が転倒していってしまった背景について考察する。

学び支援として必要なもの

結論の一部を先に述べる形となってしまうのだが、学習支援が単なる教科学習だけの支援場所とならないように注意を促すため、筆者が主催しているオルタナティブスクール[8]修了生との対話（オルタナティブ教育論講義におけるトークセッションから）の一部を引き、いわゆる教科的な学習支援の場において、そうした活動の大前提となる『学び』の原則について考察をしておきたい。

筆者が主催をしているオルタナティブスクールで、唯一、学習者に課している義務は、毎日（提出は月単位）の学習の履歴（ポートフォリオ）を記録し、提出することだ。提出されたポートフォリオをもとにして、担当のメントア[9]が学習カウンセリングを実施する。この活動の主たる目的は、暮らしの中に埋没してしまっている『学び』を学習化することにある。自律的な学習を開始するためには、まず2つのことを身につけなくてはいけない。その1つが、『学び論的転回』の意識である。結果としての『学び論的転回』とは、教育の中に『学び』があると見るのではなく、『学び』の中に教育があるとする教育観への転回である。このことによって、多くの学習者は、暮らす（生活する）こと自体が、『学び』、すなわち、「学習」することであるのを理解する。そして、2つめとして理解すべきことは、学習化する方法、特に、学習の履歴を残す方法を身につけることだ。このような2つの視点をもとにして、まずは、筆者が主催をしているような学びの場に所属した学習者の意識がどのように変化していったのかを見てみよう。

風の学園では、勉強方針が僕が入った当時は見えなくて、最初は何をやっていいのかわからない状態だった。自分の好きなこと、今やりたいと思ったことを、学習の形で報告したら単位となった。そんなことがあり、好きなことをして報告すればいいんだと思った。好きなことを学習化していくという過程があり、そうなるとどうしても偏る。数学が好きじゃないとなると、数学の単位がいつまでたっても取れないとなる。自分の嫌いなことを自分の好きなことに近づけて勉強していくやり方を試行錯誤するようになった。最終的には、全部の単位を取ることができた。卒業した後も、そのやり方が身についていて、基本的には好きなものしかやりたくない。なので、好きなことだけをやるために、好きじゃないことも学習化する。社会に認められる何かにする。そんな学び化するような方法を風の学園で学んだような気がします。（T君・31才：以下同様）

好きなこと、興味があることを躊躇なく実行する。その原動力となるのが学びへの欲望である。学ぶにあたり、その原動力となる欲望を解放するには、学習者が今持つ、好きなこと、興味があることを自由に探求できる環境を作ることが必要となる。そうした環境を保証するという意味において、学習者における『学び論的転回』の意識を進めることは重要な点となる。こういった学習環境を整えた上で、自律化された学習を学習の履歴として残す方法を身につけていくことになる。その時の学習支援として大切なのは、ポートフォリオ等を介した、メントアによる学習カウンセリングとしての「対話」である。この点については、後ほど触れる。ここでは、自律的な学習を開始したときに、学習者自身も含め、一般的な疑問として指摘される点について応えておく。それは、興味があることや好きなことを優先的かつ、集中的に学んだ場合、その学習領域が偏ってしまうのではないかと指摘される点についてだ。確かに、入り口的な部分で留まるのだとしたら、その学習は浅い実践で終わる可能性はある。しかし、ここで行われている学習は、その大前提として学習者自身が好きなことであり、興味があることを行っているという点だ。つまり、学びへの欲望が強く発動している実践であるということだ。したがって、彼らは総合的に学ばざるを得なくなる。そのための方向性や方法を助言するためにメントアはいる。そうした実際は、ある道を究めた人たちが１つの手本となるであろう。彼らの多くは、自身の専門分野の知識や技術に秀でているだけでなく、関連する様々な分野の知識や技術においても専門分野同様に深く理解・獲得している。

そして、一度、経験したり手に入れた環境は、学習支援の場を修了した後も、自律的な学習者の意識として永く定着する。なぜ、永く持続するのであろうか、そのヒントが次の言説にある。

学ぶことは基本的に楽しいと思うが、人から認められるのも楽しいことだと思う。僕から見ると、メントアの人たちが観てくれて、無条件に自分の学習欲を肯定してくれる人たちがいる中で勉強ができることは、基本的には楽しいことです。そうした環境が保証されていることがわかり、卒業してからも、その経験が残っているので、今まで通り好きな勉強をやり続けていくというスタイルでもいいかと思い、今も続けています。

なんだかとても当たり前のことで肩すかしのようであるが、『学ぶ』ことは本来、楽しいことなのだ。楽しいから学ぶ、学ぶと楽しい、この当たり前のことが保証されていないのが、そもそもおかしい。しかし、一方で、自律的な学びを実践していくとき困難な点もいろいろある。例えば、次のようなことだ。

大変なことは、表裏あると思いますが、意欲が湧かないときは、外からのプレッシャーだとか、例えば、課題があって期限があるものも助走の1つになったりします。でも、そのようなものがない時は、学習への意欲をどうやって上げていくか、自身としてコントロールが必要だとは思います。ただ、意欲がないときでも、自分を追い詰めないことが大事だと思います。別に、学生だとか社会人だとかとは関係なく、学び方のテクニックを身につけていくことは、とても大事だと思います。

自律的な学習を進めるにあたり難しいことの1つは、やはり、学び（学習）への意欲を継続的に引き出すことだ。ここでも1つ、『学び論的転回』と繋がる重要な点がある。それは、学ぶことが、人にとっての生きること（暮らす・生活すること）と本質的に繋がる行為であるのだとしたら、人は学ぶなと言っても学ぶ生き物であるということだ。そうした生き物であるはずの人間が、学ばない状態にある時とは、何らかの外的な要因がその人の学びを阻害していると考えられる。ゆえに、メントアをはじめとする学習者の周りにいる者は、そうした要因を取り除くことに努めなくてはいけない。その方法は、阻害要因によっていろいろではあるが、メントアの場合はその働きかけの中心の行為が、学習カウンセリングによる「対話」である。また、一方で学習者自身が身につけるべきものは、学習者が上述しているように「学び方のテクニック（技術）」である。では、その中心となるものは何であろうか、次の発言をもとにしてまとめる。

そんなに自信を持って言えることは少ないんですが……。やはり、学び方ですかね。学び方について学んだと思います。学び足りないところは、例えば、自分の場合、何年間働いても、コンピュータの世界はとても広いので、１つの分野で知識を得たとしても、他の分野ではまだまだなので、いろいろな分野を広く見ていかざるを得ない。例えば、数学の知識であったり、英語の知識であったり、様ざまな分野の知識が必要になります。でも、そんな不足している知識を見ても、そんなにびびることはないんです。やれば何とかなるだろうなという感じで、学びに対する心構えを学びました。

彼は、学び方を学ぶことの重要性を指摘しているが、その中心となるのが「学びに対する心構え」であると彼流の表現をしている。ここで言う「心構え」とは、学ぶときの大きな流れというか、展望・構成であると言える。そう言ったとき、多くの方は、いわゆる学校という場所で経験した勉強の流れというものを思い出すに違いない。例えば、２次方程式の解の意味や解き方を教わったとき、その中心が解を求めるための手法の習熟であったり、解の公式の暗記であったりしたはずだ。そのとき、なぜ、2次関数的なものが世界には存在し、その解を求めたりすることの意味が暮らしの中に存在するのかを、学習者の間において共通に理解するための時間はあまり保証されなかったに違いない。こうした学習の流れを大雑把に表現すれば、〈特殊→一般〉ということになると思う。このような学習の流れは、本来の学びの流れから考えたらどうであろうか。本来の学びの流れは、やはり、〈一般→特殊〉であるのが、ふつうであろう。簡単に言い直せば、学びの発端は、暮らし（生活）の中で気づいた疑問や驚きから始まる。こうした気づきや驚きから始まり、徐々に学びは深化していく。筆者たちが提唱する学び方の流れの1つが、〈①直観力養成→②仮説形成力養成→③討論力養成→④実証力養成→⑤論理力養成→′①〉であった。このような学び方を私たちの学びの場に属した学習者たちは、学習カウンセリングや学びのワークショップなどを通じて身につけていく。

一度、上述したような学び方を身につければ、この方法はいわば、『学び』を開始するためのグランドセオリーとなり、様々な学びに接するときのコモンセンスとしてのまさに心構えとなる。

最初から、僕は自分の不得意な理数系の学校に進学しましたが、卒業後の就職先として考えていた業界の人は、こんな知識を持っているんだろうなと自分なりの予備調査をし、結果として、希望していた業界の人たちは、案外、理数系の人たちばかりではないことがわかり、同時に、業界構造的に見ても、自分が丁度居られそうな場所もあることがわかりました。そこに居れば、生活的には何も不足しないだろうし、自分の学び方を知っている優秀な人材が集まっていることから、自分も心強いと思いました。逆に、国家的な詰め込み教育しか経験していなくて、自分で考えるという経験が少なかった人たちよりも有利だと思いました。

T君の場合、いわゆる学校教育において十分な学習とは言えなかった理系の分野へと、進学・就職した。理系に関する教科的な学習が不十分であったにもかかわらず、学び方を身につけたという自覚があった彼は、新しい環境においても問題なく対応できると考えていた。むしろ、そうした学び方を身につけている自分の方が、特に社会に出てからは有利であると考えていた。実際、ほぼ独学で身につけたプログラミングの知識や、日々の総合的な学びの中で培うことになった芸術的な知識などを駆使して、就職したコンピュータ関連のクリエイティブな分野において大いに活躍している。彼にとっての自律的に学ぶという行為とそれを保証してくれる場所は、単なる知識や技術を得るだけのものではなかったことが次の言説からもわかる。

僕にとっては、自分の存在を保証してくれるような受け皿となったシステムだと思う。あらぬ方向に行っても、自分の存在を受け止めてくれた場所。そんな意味合いでとらえています。自分を正当に評価してくれる場所でした。自分ひとりで好きなことをやっていてもいいですが、それよりももっと楽しくしてくれる場所でした。世の中との接点を作ってくれた場所でもありました。

学ぶという行為が、生きることに直結しているのは既に指摘をした。ある意味で、人間にとっての本性的行為である『学び』という行為を保証・支援をするということは、彼が明瞭に述べているように、学習者自身の存在の証明に繋がっているのだ。このことは、学習などを通じて、子ども・若者たちの支援の場を提供するとき、特に、支援者たちが忘れてはいけない大事な意識だと思われる。また、こうした意識は、『学び』を学び論的転回という視点から見るのであれば、そうした支援の場を学習的なものだけに限定するのでなく、生活や精神的な支援の場も含め、そういった場所の運営における共通的な前提意識として、忘れてはならないものだと考える。人間の存在と『学び』との相関については、詳細な検討が必要だと考えられるので他の機会で行うことにして、本論では深入りしない。

本章では、最後に本論の趣旨とは少々ズレてしまうのだが、自律的な学びを引き出す方法としての「対話」について、少しだけ触れておくことにする。

筆者による学び支援（学習カウンセリング等）の中心にあるのが、「対話」であると既に述べた。筆者がいう「対話」とは、簡単に言えば、「モノローグ的」ではなく「ディアローグ的」なものだ。一般に対話というと、多くの人は知らぬうちに「モノローグ的な対話」を想起しているに違いない。モノローグ的な対話とは、それが他者との対話であったとしても、その本質的な意味は内省的な対話であり、自身の言葉を繰り返す自問自答的なものである。それがもし、人間が本来持つ本性的な意識を引き出すのが目的であるのだとしたら、自問自答ではなく、他者とのディアローグ的な対話を通じ、全ての人間が持つであろうコモンセンス的な意識の存在としての『学び』の意味に気づかせる必要がある。そのための実践として、ディアローグ的な対話の積み重ねは重要である。ディアローグ的な対話の基本的な特徴は、それが学習者↓メントア（支援者）であれ、メントア（支援者）↓学習者という流れであれ、その両者の関係が、対話が行われている瞬間において非対称であるという点だ。この関係性は非常に重要で、非対称的な関係において対話が実施されるとき（時間性の導入）、そこには〈教える－学ぶ〉という状況が出現するからである。〈教える－学ぶ〉という関係において実施される対話は、両者における共通了解的な意識を探るディアローグ的なものにならざるを得ない。ディアローグ的な対話の積み重ねは、その最終的な帰結として、異なる言語ゲームに属するであろう両者の間にある言語関係を超えた共通了解できる意識の存在を気づかせる（直観の発動／飛躍）ことになる。それが、例えば、いのち（生命）の存在である。既に、学ぶことは生きることに繋がると指摘をした。ゆえに、学びの本質には、生きることやいのち（生命）の存在と深い相関があるのを忘れてはいけない。ということで、本論の趣旨とは少しズレたが、子ども・若者に対する支援が、学習的なものであれ、精神的なものであれ、その手法の中心となるのが、ディアローグ的な対話であると同時に、支援を行うときの大前提として、全ての実践は、いのち（生命）や生きることが最優先されるものであることを意識し続けなくてはならない。逆の言い方をすれば、他の章でも再び触れることになるが、子ども・若者に対する支援の場所は、こうした価値観を取り戻すという居場所的な機能の保証があってこそ成立するのだということを忘れてはいけない。

以上、学習支援のあり方を詳しく考えるにあたり、その中心の意識として重要だと思われる『学び』の原則について整理・確認をしたうえで、学習支援についての検討を再び進めることにする。

近代以降の教育・学校が持つ機能について

近代以降の教育・学校が持つ機能について、明快な分析をしたのがアメリカの哲学者であり、教育学者であったジョン・デューイ（１８５９－１９５２年）である。彼の代表的な著作である『民主主義と教育』（１９１６年）の前半の章において、教育・学校が持ついくつかの機能についてまとめている。その代表的な部分を引用する。

どんな経験でも社会集団の更新を通じて連続するということは文字通り事実である。最も広い意味での教育は生命のこの社会的連続の手段なのである。未開部族におけると同様に近代都市においても、社会集団の成員はだれでも、未熟で、無力で、言語も信念も社会規範ももたずに生まれてくる。一人ひとりの個人、すなわちその集団の生活経験の担い手である各単位は、やがては死に去って行く。それでも集団の生命は持続するのである。（ジョン・デューイ『民主主義と教育（上）』松野安男訳、岩波書店、１９７５年、13頁）

この引用部分からは、本来、人は他の生き物と同じように、一世代一世代ごとの生命であり、その個体ごとに迎える死によって不連続な時間の中を生きることを運命づけられている存在のように思われがちであるが、そうした不連続な存在であるはずの人間は、教育によって何世代にもわたり永く続く、連続としての生命一般を持ち続ける存在であることを自覚させられていくのだ、と述べていることがわかる。また、他の部分では、次のように述べている。

社会的環境の中のいろいろな要素に釣り合いをとらせ、また、各個人に、自分の生まれた社会集団の限界から脱出して、いっそう広い環境と活発に接触するようになる機会が得られるように配慮してやることが、学校環境の任務である。（ジョン・デューイ『民主主義と教育（上）』松野安男訳、岩波書店、１９７５年、42頁）

この部分では、子どもたちの出自や所属などが違かったとしても、誰しもに同じ条件の学習機会を提供してあげることが、教育・学校の役割であると述べている。そして、最後の主張として以下の部分。

われわれの正味の結論は、生活は発達であり、発達すること、成長することが、生活なのだ、ということである。このことを、それと同じ意味を持つ教育的表現に翻訳するならば、それは、（i）教育の過程はそれ自体を越えるいかなる目的ももっていない、すなわち、それはそれ自体の目的なのだ、ということ、および、（ii）教育の過程は連続的な再編成、改造、変形の過程なのだ、ということになるのである。（ジョン・デューイ『民主主義と教育（上）』松野安男訳、岩波書店、１９７５年、87頁）

ここでのデューイの主張において重要な点は、まずは、生活とは人間が発達・成長することであり、教育とは、まさにそれと一体であるということだ。つまり、教育の目的は、生活を意味する発達・成長の促進以外を目指すものではないということだ。そして、教育の価値は、人間が本来持つ発達と成長への欲求を持続的に引き出せるのかという点と、そのための正当的な方法を間違いなく提供できるかによって決まるということである。

こうしたデューイが指摘した教育・学校が持つ機能に注目をして、本論で紹介した３つの役割を機能別に整理したうえで、アメリカの経済と教育との関係を鋭く分析した経済学者に、サミュエル・ボウルズ（１９３９年－）とハーバート・ギンタス（１９４０年－）がいる。その分析結果をまとめた彼らの代表的な著作である『アメリカ資本主義と学校教育』（１９７６年）において、上述したデューイの３つの機能のことを以下のように整理している。

第一の機能は、これはまたもっとも重要なものであるが、学校は若い人々を教育して、拡大しつつある経済と安定した政治組織が必要とする職業的、政治的、家族的、その他の面で、一人前の社会人として役割を果たすようにしなければならない。ジョン・デューイは、リベラルな教育理論について、おそらくもっとも重要と考えられる書物『民主主義と教育』のなかで、「教育とは、生活に社会的連続性を与える手段である」と述べている。この機能を、教育の「統合的」機能と呼ぶことにしよう。

第二に、リベラル派は大部分、経済的な特権と社会的地位にかんする大きな不平等は不可避であると考えるが、これらの特権を求めて自由に競い合う機会を各個人に与えることは、効率的であり、同時に望ましいことでもあると考える。デューイは、この競争過程に占める学校の役割の重要性を主張する点でもっとも代表的である。［…］。リベラルな教育論の考えをとる人々のなかには、デューイを含めて、このような局限された目的を超えて、教育が果たす役割として、極度な貧富の差を平等化するということまで広げている理論家が多い。学校教育によって、公正な競争が確保されるだけでなく、勝者と敗者との間の経済的格差も縮小されるという主張がなされることもある。学校教育が果たす、このような機会を平等化する、あるいは平等そのものを求めるという役割を、教育の「平等主義的」機能とよぶことにしよう。

最後に、教育は、個人の精神的、道徳的な発達を促す重要な手段と考えられている。人格的成長は主として、身体的、知的、情緒的、審美的、その他の潜在的能力がどのような方向に、どれだけ、またどれだけの力強さをもって発達していくかによって決まってくる。教育制度がもし、人間的発達を自己の目的として、これらの潜在能力に働きかけなかったとすれば、それは完全な失敗を意味する。［…］。これを、教育の「発達的」機能と呼ぶことにしよう。（S・ボウルズ、H・ギンタス『アメリカ資本主義と学校教育――教育改革と経済制度の矛盾Ⅰ』宇沢弘文訳、岩波書店、１９８６年、35－37頁）

上記で引用したように、Ｓ・ボウルズとＨ・ギンタスは、デューイが主張した教育・学校が持つ機能を、「統合的」「平等主義的」「発達的」という３つの機能として整理した。そして、こうした３つの機能が健全な形で稼働するためには、その前提として、以下のデューイの叙述からもわかるように、近代民主主義制が確保・保証された社会でなければならないとした。

いろいろな民族の、さまざまの宗教をもち、異なった慣習をもった若者たちを学校で混ぜ合わせることによってすべてのもののための、新しい、しかもいっそう広い環境が創り出される。共通の教材が与えられることによって、すべてのものが、孤立状態におかれた集団の成員のもちうる視野よりもいっそう広大な視野に立つ統一的な見地に慣れて行くのである。（ジョン・デューイ『民主主義と教育（上）』松野安男訳、岩波書店、１９７５年、43頁）

しかしながら、アメリカに関して言えば、Ｓ・ボウルズとＨ・ギンタスらの主張によると、近代民主主義制度によって支えられ着実に発展を遂げていた資本主義社会において、教育は、「統合的」「平等主義的」「発達的」の３つの機能を順当に発揮していたが、１９６０年代以降、アメリカの資本主義が法人資本主義中心へと変容したことによって、教育的な機能はそのままに、その目的が変化をしてしまったと指摘している。

そうした１９６０年代以降のアメリカの教育の状況について、経済学者の宇沢弘文（１９２８－２０１４年）は、「ジョン・デューイの教育理念は、二十世紀前半を通じて、アメリカのリベラリズムの考え方に沿った学校教育制度の基本的性格を規定していったといってよい。しかし、ヴェトナム戦争を契機として起こったアメリカ社会の倫理的崩壊、社会的混乱によって、デューイの教育理念にもとづく公立学校を中心とするアメリカの学校教育制度もまた大きく変質せざるを得なかった。デューイの掲げた平等主義的な教育理念にもとづいてつくり出されたアメリカの学校教育制度が、現実の非人間的、収奪的状況のもとで、逆にアメリカ社会のもつ社会的矛盾、経済的不平等、文化的俗悪さをそのまま反映し、拡大再生産する社会的装置としての役割を果たすことになってしまったのである。[10]」と述べている。宇沢の指摘の通り、より一層の資本主義的な発展を目指したアメリカは、その発展を下支えするための当然の政治的判断により教育を有効活用した。上述した３つの機能はそのままに、後退したと思われる民主主義制度のもと、専門技術主義＝能力主義という考えを教育に導入したのである。結果、アメリカの教育は本来の機能を発揮することで、貧困をはじめとする社会的格差や不平等を拡大させ、社会の階級構造化を促進し固定化すると同時に、そうした社会観を正当化・再生産するのに荷担することとなった。

ことアメリカにおいて、教育を規定している大前提であった民主主義や資本主義が変容してしまった理由について、この後、日本の状況と比較する場合の共通前提とするために、次章において、民主主義ならびに資本主義の特徴についてまとめておくことにする。

民主主義と資本主義

〈近代民主主義〉

まず、近代民主主義の特徴についてまとめておく。近代民主主義における基本原則として重要な価値原則は、「自由」と「平等」であることは既に広く理解されている。ここでいう「自由」とは、後から政治的な規定などによって与えられた自由ではなく、人間であるいじょう、生まれながらに持つ権利としての「自由」であることは、今さら再確認するまでもないであろう。基本的人権として保障された「自由」であることが、民主主義の基本原則として非常に重要である。ゆえに、基本的人権を担保する意味において、国家が立憲主義であることは、近代民主主義における大前提の1つである。そして、「自由」は、もう1つの大原則である「平等」という理念とも結びつく。国民国家において、その大前提である「自由」を保証する意味は、人間はいかなる身分や階級等から自由であるべきだという理念とも結びついている。したがって、「自由」である人間は、社会において平等でなければならない。特に、近代における国民国家においては、その国家を承認した市民に対して、政治に参加をする権利は平等に保証されたものでなくてはならない。

次に、その機構原理であるが、その正当的な機能評価という点については、細かい検討が必要となるので本論では深入りは避け、その形式的な原則だけを再確認するに止める。その原則の1つが、代表を選ぶということである。そしてもう1つが、多数決の原理である。ただ、多数決の原理だけでは、少数者の権利が守られない恐れがある。ゆえに、立憲主義により基本的人権等が堅く保証されている。

最後に、方法における原理を考える。これもだいぶ一般化されていることではあるが、代表的な方法の１つが「討論」であろう。また、その目的となる「説得」も方法としての両輪であることは間違いない。一方、そうした場に市民が自由に「参加」をし、「抵抗」や「批判」をするのが認められていることも民主主義の方法原理として重要である。簡単ではあるが、以上、近代民主主義の特徴について、「価値」「機構」「方法」の原則からまとめた。次は、近代資本主義の特徴についてまとめる。以下で述べる近代資本主義の特徴こそが、そのままアメリカにおける資本主義の変化に通じるものとなる。

〈近代資本主義〉

近代以降における資本主義の特徴を述べるには、マルクスの言葉を引用するのが近道だと思われる。『資本論』の中から次の２節を引用する。

われわれの労働者は生産過程にはいったときとは違った様子でそこから出てくるということを、認めざるをえないであろう。市場では彼は「労働力」という商品の所持者として他の商品所持者たちに相対していた。つまり、商品所持者にたいする商品所持者としてである。彼が自分の労働力を資本家に売ったときの契約は、彼が自由に自分自身を処分できるということを、いわば白紙の上に墨くろぐろと証明した。取引がすんだあとで発見されるのは、彼が少しも「自由な当事者」ではなかったということであり、自分の労働力を売ることが彼の自由である時間は彼がそれを売ることを強制されている時間だということであり、じっさい彼の吸血鬼は「まだ搾取される一片の肉、一筋の腱、一滴の血でもあるあいだは」手放さないということである。彼を悩ました蛇にたいする「防衛」のために、労働者たちは団結しなければならない。そして、彼らは階級として、彼ら自身が資本との自由意思的契約によって自分たちと同族とを死と奴隷状態とに売り渡すことを妨げる一つの国法を、超強力な社会的障害物を、強要しなければならない。「売り渡すことのできない人権」のはでな目録に代わって、法律によって制限された労働日というじみな大憲章が現われて、それは「ついに、労働者が売り渡す時間はいつ終わるのか、また、彼自身のものである時間はいつ始まるのか、を明らかにする」のである。なんと変わりはてたことだろう！（カール・マルクス『資本論　第１巻第１分冊』大内兵衛・細川嘉六監訳、大月書店、１９６８年、３９６－３９７頁）

ジョン・ステュアート・ミルは、その著書『経済学原理』のなかで次のように言っている。「すべてのこれまでになされた機械の発明が、どの人間かの毎日の労苦を軽くしたかどうかは疑問である。」だが、このようなことはけっして資本主義的に使用される機械の目的ではないのである。そのほかの労働の生産力の発展がどれもそうであるように、機械は、商品を安くするべきもの、労働日のうち労働者が自分自身のために必要とする部分を短縮して、彼が資本家に無償で与える別の部分を延長するべきものなのである。それは、剰余価値を生産するための手段なのである。（カール・マルクス『資本論　第１巻第１分冊』大内兵衛・細川嘉六監訳、大月書店、１９６８

年、４８５頁）

以上の2つの言説は、彼の『資本論』におけるほんの僅かな一節ではあるが、資本主義が持つ重要な特性をずばり言い当てている。前節からわかることは、資本主義社会においては、労働者はもとより、資本家自身もその存在のあり方（価値）が、市場によって規定されていることを明らかにし、後節では、限られた労働力や市場・資本からより効率よく利潤を獲得するには、生産性の向上や新商品開発のためのたゆまぬ技術開発が必要となることを指摘している。このように、近代資本主義の特性として、「市場確保（依存）」と「技術革新」という2つを外すことはできない。逆に言えば、資本主義が発展していくためには、「市場依存」と「技術革新」という2つの条件こそ、選択せざるを得ない必須条件である。

資本主義の特性とアメリカという国の関係だけに絞り、一言付け加える。第2次世界大戦後のアメリカは、さらなる資本主義的な経済発展を目論んだ。その基軸は、資本論の指摘にある通り、「新市場の開拓」と「グローバルスタンダード化できる技術革新」にあった。そうした方向に突き進んでいった結果引き起こされた、教育の目的の変容である。むしろ、当たり前の帰結ではあるが、そうした発展を補完するための教育の利用となり、その中身が既に述べたように、専門技術主義＝能力主義の導入であった。そうした特に、アメリカにおける１９６０年代以降の教育政策と、戦争や新自由主義政策やフリースクール運動などの相関については、指摘をしたい点は多々あるが、本論では貧困対策としての学習支援のあり方について検討することが目的なので、深入りは避ける。

ともかく、１９６０年代以降のアメリカでは、資本主義の拡大に伴い、物質的な豊かさの優先、人々の所属の階層化、暮らしの社会的な生産関係からの疎外、過剰な経済的生産能力を吸収するための行き過ぎた消費文化社会化などが進むことになる。こうした過度で非人間的な資本主義化に対して、教育の規定要素としてある民主主義というシステムが、本来の力を持っているときは、上述した暮らしを破壊するような要素に歯止めをかける形で教育は機能するはずであったが、民主主義のあり様を規定しているはずの「自由」だとか「平等」が、資本主義的発展の原動力としての「競争」や「選択」を保証するためのものと変容したことで、歯止めというよりはむしろ、そうした価値観を正当化するシステムとして稼働してしまったことは、既に述べた。

そうなると、アメリカでの教訓の１つだが、資本主義的経済発展を前提とした教育は、労働などによる疎外化を正当化すると同時に、過度な資本主義的な生き方を是認する意識を人格レベルで再生産させることになる。つまり、社会における強度な資本主義化によって発生している経済的格差であるとか、階層化とか精神の分裂化などは、教育というシステムが一般的な形で機能しているかぎりは、拡大・促進・固定化の手助けになったとしても、抑制や解消にはなり得ないということを明らかにしている。

戦後から現在における日本の教育

貧困と教育との関係を考えるとき、アメリカの例からもわかる重要なポイントは、社会における資本主義や民主主義と教育との相関にある。そこで本章では、戦後日本におけるそれらの相関関係を中心として分析していく。

第二次世界大戦後まもなくの頃の日本で、なかでも教育においては、戦中戦前の教育のあり様の反省から、先に紹介をしたような日本国憲法や教育基本法のもとに、科学的で民主的な教育の展開を目指したことはよく知られている。そうした教育のあり方に変化が見えてくるようになるのは、やはり、日本の高度経済成長が始まる１９６０年代からである。例えば、当時の内閣総理大臣諮問機関であった経済審議会は、１９６３年の答申において、教育における能力主義徹底の１つとしてのハイタレント・マンパワーの養成について提言を行っている。その背景にあるのは、答申の文書からもわかるが、「新市場の獲得」と「技術革新」を担う人材の育成であった。

以降、１９７０年代では、発展を続ける経済的社会において、より豊かな経済的な地位を確保するための手段として教育が活用され、受験戦争や学歴社会というような階層的社会意識が固定化されていく。１９８０年代に入ると、飛躍的な経済発展を遂げた日本社会も徐々に落ち着いてくる。同時に、画一的で均質的な内容を繰り返すことで、経済社会を担う人材を輩出してきた教育の現場では、そうした教育のあり様に対して、疑問を持ち反発する子どもたちが出現するようになる。不登校をはじめ、いじめや校内暴力などの出現である。こうした現象に対して、学校などでは、管理の強化などを進めることで対処的に解決していこうとした。

その後、バブルの崩壊などを経て１９９０年代半ば以降、日本の経済発展は低迷の時代へと入る。政府は、そんな経済低迷期の転換と、さらなる資本主義的な発展を目論み、イギリス・アメリカなどで既に施行されていた新自由主義的な政策を導入するようになる。当時、教育政策の柱として主張されていたことは、80年代の最後に内閣直属の諮問機関であった臨時教育審議会から出された最終答申における、①個性重視の原則、②生涯学習体制への移行、③国際化や情報化などの変化への対応などを引き継ぐことにあった。90年代の半ば以降は、一見すると、資本主義的発展の下支えに対応することが中心であった政策から脱し、「生きる力とゆとり」を大切にする政策へと切り替えられていったが、その目的と行き詰まった日本型資本主義体制との関係とは、もう少し丁寧な分析が必要だと思われるので、いわゆる、ゆとり教育と経済との相関についての分析にはここでは深入りしない。２０１０年以降、ゆとり教育は見直されつつある。

本論の趣旨からすると、90年代以降の日本の教育政策に大きな影響を及ぼしたと考えられる「新自由主義政策」という経済政策についても教育との相関から多少なりとも、検討を加えておく必要があると考える。まずは、１９７０年代の後半から80年代にかけて、イギリス・アメリカで導入された新自由主義について説明する。90年代以降、日本において導入された新自由主義政策もこれに準じたものであるとみてよい。では、新自由主義とは何か、ハーヴェイ[11]の言葉を引用すれば次のようになる。

新自由主義とは何よりも、強力な私的所有権、自由市場、自由貿易を特徴とする制度的枠組みの範囲内で個々人の企業活動の自由とその能力とが無制約に発揮されることによって人類の富と福利が最も増大する、と主張する政治経済的実践の理論である。（デヴィッド・ハーヴェイ『新自由主義――その歴史的展望と現在』渡辺治監訳、作品社、２００７年、10頁）

新自由主義と呼ばれる政策思想の中心は、ハーヴェイの定義からもわかるように、いわゆる資本主義的な発想や活動を個人であれ、国家であれ、制限なく自由にできるようにするということである。そうすれば、人類は、最大限の富と福利を獲得することができるようになると主張されている。ハーヴェイは、こうした政策を採用した国家では、次のような特徴を帯びるようになると続けて述べる。

一、新自由主義国家は、一方では、後景にしりぞいて、市場が機能するお膳立てをすることだけが期待されているが、他方では、良好なビジネス環境を積極的につくり出す主体であり、グローバル政治において一個の競争単位として行動することが想定されている。後者の役割において、新自由主義国家は一個の集合的企業として行動しなければならず、ここから、市民の忠誠心をいかに確保するのかという問題が起こってくる。ナショナリズムがその一つの明確な回答なのだが、これは新自由主義的な政策目標と深く対立する。［…］

二、市場の論理を貫徹するための権威主義は、個人的自由という理念と簡単にはあいいれない。

［…］

三、金融システムの機能を保全することは決定的な重要性を持っているはずなのに、そのシステムを動かしている者たちの儲け本位の無責任な個人主義のせいで、投機による株価や通貨の乱高下、さまざまな金融スキャンダル、慢性的な不安定などが生み出される。［…］

四、競争こそ立派な美徳であるとされているにもかかわらず、現実には、少数の集権的な多国籍企業の寡占的ないし独占的でトランスナショナルな権力がますます強化されていっている。

［…］

五、一般市民レベルでは、市場の自由に対する信仰とあらゆるものの商品化が実にやすやすと席巻し、社会のまとまりが崩されていっている。［…］

（デヴィッド・ハーヴェイ『新自由主義――その歴史的展望と現在』渡辺治監訳、作品社、2007年、112－114頁）

以上のように、さらなる資本主義的発展を目指す各国が採った新自由主義政策は、その原動力が、従来の資本主義同様に、「市場開拓」と「技術革新」であったのは言うまでもないが、より一層の活力源として与えられたのが、「競争の自由」と「選択の自由」であった。ただし、そうした自由には、セットとして結果に対する「自己責任」という言葉が付随はしていたが。新自由主義政策のわかりやすい形が、上述したような自由を謳歌するための構造改革であるとか、規制緩和であった。そして、英米のみならず、日本も含め、ハーヴェイの指摘にあるように新自由主義政策を導入した各国は、同様のジレンマを抱え込むことになる。そのジレンマとは、経済の活性化のために市場原理を優先すると、近代の国民国家を規定している民主主義による国家の統合や、基本的人権などを保障し続けることが難しくなるということだ。そして、当然、過度な資本主義化により社会の疎外化は促進され、市民の精神は分裂し、貧困など社会的格差は拡大するようになる。

結果として、今まで述べてきたアメリカや、最近の日本のように、そうした社会に適応させ、国家の統合を保つという意味と目的で、教育が持つ機能が活用されることになる。

では最後に、最近、政府などが子どもの貧困対策の1つとして提唱している学習支援という方法が対策として有効であるのかの検討ならびに、有効でない場合は、どのような支援方法が考えられるのかの提言をまとめ本論を終わりにする。

おわりに——日本の現教育による、子どもたちの経済的貧困解消は可能なのか

はじめにでも述べたように、現在の日本社会にある子どもたちの貧困、特に相対的貧困の原因はどこにあるのか、それはここまでの叙述からも明らかなように、資本主義経済の仕組みにある。そのことは、最近の日本における子どもたちの貧困が、ちょうど90年代中盤からの新自由主義政策の導入と

共に増加していることからもよくわかる。過度な資本主義化により、社会の格差化・階層化、市民の精神の分裂化などが否応なしに拡大固定されている。そして、残念なことに本来であれば、そうした流れに対してカウンターとなるべき民主主義や立憲主義、基本的人権などの力が、現政権により強力に推し進められている資本主義的経済政策によって弱められている。そもそも、こうした事態のときこそ、教育がその機能をフルに発揮をして、歯止めとなるべきなのであるが、叙述してきたように、経済政策とリンクさせられてしまっている現日本の教育は、その目的を現経済政策の促進と、結果出現してくる社会へ子どもたちを適応させるのが目的となってしまっている。

少し厳しい言い方かもしれないが、現資本主義的政策を規定している「資本」や「市場」のあり方を根本から変革しないかぎり、今、子どもたちに負わせている貧困問題は解決しない。ましてや、ここまで述べてきた通り、貧困問題の起因が、経済政策に伴う政治的な問題にあるいじょう、その解決を正統的な前提すら保証されておらず、長らくその目的を経済政治的なものに変容されてしまっている教育に託すこと自体が無理な話である。

ゆえに、格差社会への適応の意識を再生産している現教育に復帰をさせることが、子どもたちの貧困の連鎖等を断ち切る方法であると考え、教科指導等を行う学習支援が有効だとする政府提言は、あまりにも短絡すぎる。むしろ、政府が推進する経済政策における勝者として、政治によって生み出されている格差や差別意識を肯定する側にまわされる懸念さえある。政府による政策を肯定させるという意味の再コード化という視点から見れば、有効な施策ではあるが。まさに、子どもたちの貧困問題を通じて、大人たちの社会観や人間観や倫理観などの価値観が問われている。

では、どうすればよいのか。解決の切り口はいくつかあると思う。まず、経済的な問題としてとらえるのだとすれば、子どもたちの生活・学習を保証できるだけの経費を給付する。次に、大きな話になってしまうが、政治政策的な問題であるとすれば、政策転換を促す。つまり、政治的な変革を実現させる。そして、現状のまま、教育によって支援すると考えるのであれば、原則として政治転換による資本主義的価値観が変革しないかぎりは、教育による有効な支援は不可能なのだが、せめて、学習支援の場における教育観を転換し、現教育の場とは違う、本来の教育としての目的である学習者による学習に対する内発的な学びの意識を引き出す場にする。つまり、学びの行為を保証した上で、教科的な学習なども支援をするような、筆者たちが、「子ども・若者たちの居場所」[12]と呼ぶような場所を提供する。こうした場所を維持し広げていくのを運動として継続することは、政治的な意味での変革にも繋がることは言うまでもない。以上を提言として、本論を終わる。

【注】

（1）「子どもの貧困」毎日新聞 ２０１５年12月3日 東京夕刊。
（2）相対的貧困とは、その国における所得の中央値の半分を下回っている人の割合で、絶対的貧困とは違い、その国の所得格差を表している数字。
（3）『平成27年版 子供・若者白書 第1部第3節 子どもの貧困』http://www8.cao.go.jp/youth/whitepaper/h27honpen/pdf/b1_03_03.pdf accessed 06/01/2016
（4）「子供の貧困対策に関する大綱」http://www8.cao.go.jp/kodomonohinkon/pdf/taikou.pdf accessed 06/01/2016
（5）憲法26条第1項：第26条　すべて国民は、法律の定めるところにより、その能力に応じて、ひとしく教育を受ける権利を有する。

（6）教育基本法第1条：第1条（教育の目的）教育は、人格の完成をめざし、平和的な国家及び社会の形成者として、真理と正義を愛し、個人の価値をたっとび、勤労と責任を重んじ、自主的精神に充ちた心身ともに健康な国民の育成を期して行われなければならない。

（7）ミシェル・フーコー『監獄の誕生――監視と処罰』田村俶訳、新潮社、1977年。

（8）「鎌倉・風の学園」（1996年－）、高校生相当を対象としたオルタナティブスクール。

（9）当学園では、教員のことを学習の援助者・支援者という意味でメントア（メンター）という。

（10）宇沢弘文『社会的共通資本』岩波書店、2000年、135－136頁。

（11）デヴィッド・ハーヴェイ（David Harvey：1935年－）英国の地理学者。専門は、人文地理学・社会理論・政治経済学。

（12）柳下換　高橋寛人編『居場所づくりの原動力』松籟社、2011年。

【参考文献】

宇沢弘文『社会的共通資本』岩波書店、2000年

児美川孝一郎『新自由主義と教育改革』蕗薹書房、2000年

S. ボウルズ・H. ギンタス『アメリカ資本主義と学校教育――教育改革と経済制度の矛盾Ⅰ』宇沢弘文訳、岩波書店、1986年

S. ボウルズ・H. ギンタス『アメリカ資本主義と学校教育――教育改革と経済制度の矛盾Ⅱ』宇沢弘文訳、岩波書店、1987年

ジョン・デューイ『民主主義と教育（上）』松野安男訳、岩波書店、1975年

ジョン・デューイ『民主主義と教育（下）』松野安男訳、岩波書店、１９７５年
デヴィッド・ハーヴェイ『新自由主義』渡辺治監訳、作品社、２００７年
福田歓一『近代民主主義とその展望』岩波書店、１９７７年
マルクス『経済学・哲学草稿』長谷川宏訳、光文社、２０１０年
マルクス『資本論 第１巻第１分冊』大内兵衛・細川嘉六監訳、大月書店、１９６８年
マルクス『資本論 第１巻第２分冊』大内兵衛・細川嘉六監訳、大月書店、１９６８年
マルクス『資本論 第２巻』大内兵衛・細川嘉六監訳、大月書店、１９６８年
マルクス『資本論 第３巻第１分冊』大内兵衛・細川嘉六監訳、大月書店、１９６８年
マルクス『資本論 第３巻第２分冊』大内兵衛・細川嘉六監訳、大月書店、１９６８年
ミシェル・フーコー『監獄の誕生——監視と処罰』田村俶訳、新潮社、１９７７年
柳下換 高橋寛人編『居場所づくりの原動力』松籟社、２０１１年

終章

居場所を通じて考える社会変革への処方箋

柳下換

それでは、最後に、今回の講座の学びから展望することができた、居場所を通じて考える社会変革への処方箋についてまとめておきたいと思います。ここまで書いてきたことと再び重複してしまうのですが、講座ならびにそこから考察したことなどをまとめながら、その全体像を今一度ふり返り、子ども・若者の居場所が築く未来のことについて、少々、想いを馳せてみようと思います。

講座開催の動機について

前回行った講座による学びから、その時点におけるわかったことや、その後の居場所の活動（運動）に対する注意点などは、いったん書籍（『居場所づくりの原動力——子ども・若者と生きる、つくる、考える』松籟社、2011年）でまとめました。それから9年近い年月が経ち、前回の講座で得た成果が、この何年かの居場所の活動や居場所をめぐる社会状況などに対して、何らかの影響を及ぼすことができたのか、未だ変化をしていない点、変化をした点などについて確認をしたかったことが、今回の講座開催動機の1つになっていることは間違いありません。そして、結果としては、やはり今一度確認せざるを得なくなったのですが、前回の講座で学んだ「権力や市場とかに消費をされない居場所のあり方」については、残念ながらそうした方向性が、新自由主義的な政策の強化などにより、権力側によって一層強力に推し進められていることが、今回の講座の学びからも明らかになりました。

また、前述した居場所をめぐる様々な状況からもわかるように、今、子ども・若者をめぐる日本社会の状況は、9年前に比べ、その時明らかにしたような居場所が持つ機能によって、少しでもよい方向に改善されたのかどうか……、そんな点も今回の講座による学びを通して確認したかったことの1つでした。今回の講座における学びの範囲のみでの印象となってしまいますが、おそらく、子ども・若者の当時明確になった生きづらい状況は2019年の現在もさほど変わってない、むしろ悪化したと言ってもよいかもしれません。

子ども・若者の生きづらさの本質は何か

もう既に本書で何度も書いてきました。居場所へと顔を出してくれる子ども・若者のみならず、強力に学校化された現代日本社会において、多くの子ども・若者が自己決定権を剝奪され、自身の存在の意義を失わされてしまい、それを回復すべき方法であるディアローグ的な対話をする機会や場を奪われ続けてしまっています。

なぜ、現代の日本社会がそのような状態になってしまったのか、居場所をめぐる状況を考えることからその原因を本書でも明らかにしてきました。その大きな理由の1つが、戦後の高度経済成長政策の結果であったり、1990年代中盤以降強化された新自由主義的な政策の結果であったりしたわけです。より一層の消費文化社会化や新規市場開拓や技術革新を進めるための競争・選択の自由の強化は、社会や個人の精神の個体化を強力に進めることになったのです。

おそらく、子ども・若者の生きづらさの本質は、前述したように、社会と精神の個体化（細分化）による子ども・若者の存在の意義やディアローグ的な対話の機会などの喪失だと思われます。社会や精神の個体化は、精神や社会を分裂化させるので（分裂症的な社会のあり方については、ドゥルーズ＝ガタリ『アンチ・オイディプス』などを参考にするとよいでしょう）、人間の存在を規定（前提）している生きること（生命／イノチ）の連続性を分断し、同様に社会、そしてそこで行われるディアローグ的な対話を支えている共同体を破壊します。こうした状況は、子ども・若者だけでなく、そんな世界に暮らす人々全体を生きづらくさせることになるのです。個体化という形の社会や精神の分裂化は、具体的に言い換えれば、一人一人の人間に対して、自分が自分であること、自分らしく生きることを阻害していくことになります。こうした状況の意味は、既に何度が触れてきましたが、自分自身の意識も含め、社会という集団においても、自分の存在を否定していくことに繋がるのです（生きることの否定）。自分の内外において、その存在を疎外されながら生きていくことほど辛いことはないと思います。

分裂局面と統合局面

ここで少し、このような個人や社会の状況をシステム的な視点からも整理してみましょう。近現代以降の世界では、繰り返されてきた歴史なのかもしれません、特に経済的な社会発展とは切っても切れない関係と言ってもよいと思いますが、おそらく世界は、分裂局面と統合局面の２つの局面を繰り返すことになると思います。分裂局面のピークと言いますか、限界状況（市場の限界等）が近づくと、資本主義的な経済社会では、一層の新規市場開拓が叫ばれ、半ば強引な個体化（細分化）が推し進められることになります。その代表的な政策が、新自由主義的なものであったりします。この政策を担保するキーワードは『自己責任』という言葉です。この言葉は、後ほど触れることになると思いますが、国家によって保証される自由の問題と関わっています。また、注意が必要な言葉は、今回の講座でも触れることになりましたが、『多様性』であるとか、『共生』という言葉です。市民の側がこうした言葉を使う意味とは違い、新自由主義的な政策を進めるような政権側がこの言葉を使うときは、前述したような新規市場の開拓、ならびに新しい投資市場の確立というような、新しい貨幣獲得のための領土を再構成（再領土化）するという意味が含まれています。したがって、市民側は、権力者側などがこうした言葉を掲げ政策的主張をするときは、少々注意が必要だということになります。逆に市民の側にとっての、『多様性』であるとか『共生』という言葉の意味は、分裂されてしまった個人や社会の中で隠蔽化された『自己決定権』や『生存権／社会権』『地方における自治権』『共同体性』等を取り戻す意味が含まれていることを忘れてはいけません。このように両義の意味を持つ言葉を持ち出し、言葉が表面的に醸し出す正当性を利用するかのようなやり方は、相当に準備周到であると言わざるを得ません。

分裂局面がある段階まで到達すると、前述したように子ども・若者を含めた多くの市民は生きづらい状況へと追い込まれていきます。こうした状況は何も個人だけではありません。社会、中でも国家という枠組みを維持することも困難になってくるわけです。国家にとってこの状況は、まさにその存在意義を失いかねない一大事となるのです。したがって、当然、個人であれ国家であれ、行きすぎた分裂状況に対して対策が講じられるようになります。それが、国家であれば、ナショナリスティックな政策、例えば、オリンピックや万博などの開催や『絆』や新元号など言葉を使った国家的な一体感等の演出です。国家における統合政策についてヨーロッパなどの国では、経済的に余裕があった時代には、福祉国家的なものを目指すことで統合を図ろうと試みられましたが、経済的な発展に陰りが出た後は、そうした方向性からは撤退しています。また、国家におけるこうした統合政策の行き着く傾向として特に注意が必要なことは、軍事的な要素と強く結びついていくのが予想されることです。この視点からも、歴史をしっかり学ぶことは大事だと思います。

一方で、個人はどうなるのでしょうか。ここまでの説明からもわかるかとは思いますが、特に、個人の精神などの分裂化は、人間の存在の意義を危うくします。つまり、市民や個人にとっては、過度の分裂化は生命の危機を引き起こすことになるのです。こうした事態に対し、個人はどのような行動をとるようになるのでしょうか。生命の危機が迫るいじょう、こうした局面において個人がとる態度や行動は、自己防衛機能が発動される事態であると考えてよいと思います。どちらかと言えば、科学的・政策的な行動と言うよりは、本性的な行動であると言ってよいと思います。自分のイノチ（生命）を守るためにある人々は、分裂の逆の行動、すなわち、『集まる』ことを実践するかもしれません。そしてそこでは、前述をしてきたように、自身の存在の意義や自己決定権や集団としての共同体性や自治権を取り戻すために、活発なディアローグ的な対話を展開するかもしれません。また、ある人々は、表現的には少しネガティブなイメージを与えてしまうかもしれませんが、あえて病気宣言をするとか、分裂化と政策の正統化を進めるため対処的に強化展開される統合政策が充満する社会からは、距離を置くという生き方を選択する者も出てくるかもしれません。どちらにしても市民側のこうした、ある意味で、精神や社会の分裂化に対抗するという意味での統合化は、その原動力が生きるためであるいじょう、健全な行為であり、政策的なもので強権的に阻止できるものでないことは明白だと思います。逆に言えば、こうした市民側の健全な抵抗を国家側の統合政策へと回収され、統合のための道具として利用されることには警戒を怠らないことが必要となるかもしれません。

それでは、最後に私たちはどう生きるべきか、居場所の意義であるとか、居場所が居場所であるための大事なことについて再びまとめる前に、今回の講座を通じ新たに学ぶことになった『主体』と『自由』の問題について、現段階で気づいたことをまとめておきたいと思います。

2つの『主体』、2つの『自由』

まずはともかく、『主体』ということについて考えてみたいと思います。「主体」とは何かと考え、辞書的な説明をすれば、「主体とは、行為・実践をなすものの自覚や意志。」などという説明になるでしょうか。ではなぜ、今回の講座を行う中で、「主体」という言葉が気になってしまったのでしょうか。それは、講座に参加していただいた方々をはじめ、実際の支援者等、私たちの活動に関係している方々との対話を重ねていく中で、居場所の活動であるとか、子ども・若者の支援などに関心を持たれている方々の意志と言いますか意識の中に、何か疑うことをしない意識の前提として刷り込まれているようなものを感じたからです。

こうしたある種、前提として了解している無意識的な要素とは、少なからず、今、自分が暮らしている世界のあり方の正統性を無批判に信じているということです。確かに、子ども・若者の居場所や支援に関心を持つということは、現在の世界、特に日本社会のあり様に対し、何らかの違和感というか居心地の悪さは感じてはいるはずだとは思いますが、前述してきたように、自分たちの暮らす世界を規定していたはずの社会構造や、今まであった価値観などが劣化をし変化してしまっている現状を認められないがゆえに、子どもや若者が追い込められてしまっている状況をうまく理解できていないように感じたのです。

本来、誰からかも強制をされないで行動をするときの意志とはまさに、その人が持つ主体によるものだと思われます。主体による行動であるいじょう、その行動の原動力は、現状にある前提性などに対する懐疑の意識からであるはずなのですが、多くの方は、ある意味では既に形骸化してしまっている仕組みや、価値観なのにもかかわらず、そうしたものが正統的に継続維持されているという前提のもと、自身の行動や思考を限定してしまっているように見えてしまったのです。言い換えれば、こうした意識が広く一般的に主体化されているような印象を強く受けたわけです。

そこで、広く市民の意識の中に一般化された主体とは、どのようにして市民の意識の中に埋め込まれ、どういった意味を持つのか考えていきたいと思ったのです。こうした課題を考えるには、やはり、フーコーが指摘をするように規律化の場（ある主体を再生産する場）の1つである学校ならびに国家的な教育を切り口として検討していくのが正しいと思われます。

日本の公的な学校などに行くと、教室などに掲げているスローガンなどに「主体的に行動し考えることができる人を目指そう！」などと書かれていることがあります。戦後の公教育の現場では、「主体的」であるとか、「自主的に」であるような言葉を多く見ることができたと思います。最近であれば、2017・18年の改訂学習指導要領には、「主体的・対話的で深い学びを実現しよう」と書かれています。2017・18年の指導要領の中では、この「主体的な学び」の説明として、「学ぶことに興味や関心を持ち、自己のキャリア形成の方向性と関連付けながら、見通しを持って粘り強く取り組み、自己の学習活動を振り返って次につなげる『主体的な学び』が実現できているか。」などと解説がつけられています。

おそらく、戦後日本教育の現場において、長らくその目標の1つとして掲げられて、子ども・若者につけさせようとしてきた「主体（意識）」は、一貫した意味を持ち続けているのであろうと予想できます。それでは、その一貫した意味や固持している前提とは何なのでしょうか。まず、当たり前と言えば当たり前なのですが、身につけるべき主体意識を規定している前提条件は、戦後日本社会のあり方の正統性への揺るぎない確信です。国家教育であるいじょう、そこで行われる教育は、現在の日本社会のあり様を全面的に肯定した上でのものでなくてはならないのです。このことからも、本来、健全な民主主義国家でなければ、健全な教育が行われないことがよくわかります。日本の国家体制における健全な民主性の是非という点はともかく、国家的な教育などの場で言われる「主体」とは、既に在る国家的な価値観に自ら従う、もしくは適応するものであるということです。すると、国家的な教育の場で想定している主体の意味とは、本来であれば、教育基本法等に掲げられている教育の目的であるところの「個人の人格の完成」を支えるような主体であるべきなのですが、戦後国家教育の実際の目的は、経済成長などを支えるような人材の育成だったことからも、まさに資本主義的な価値観に対し無批判に適応することを前提とする主体の刷り込みと定着だったのです。このように、国家的な教育や学校を通じて次世代の国民に刷り込まれることとなった国家が国家のあり様として規定している国家的な価値観を、「国家主体」とでも言いたいと思います。どうやら、今、国民の多くが自らの意識として備わっている主体（自己主体とでも言いましょう）と思っているものの正体は、規律化装置や社会環境などによって後天的に刷り込まれたと思われるこの国家主体なのではないのかということです。それでは、自ら備わっているはずの主体とは何で、それはどこにあるのか、国家主体との関係はどうなっているのかなどということについて次に考えてみたいと思います。

その前に、改訂指導要領で「主体的」と並記されている「対話的」という言葉のここでの意味についても、一言付け加えておきます。指導要領の中でも、この対話のポイントとして、「自己の考えを広げ深める『対話的な学び』」と表しています。そもそも前述したように、ここでの対話環境の前提は、現社会の資本主義的な価値観に適応していることです。つまり、ここでの対話は、同じゲームに参加をしている者同士（同じルールの適用了解している者同士）の対話であるということになります。さらに、解説の文面からもわかるように、ある意味で当然と言えば当然なのですが、同一ゲーム内であるいじょうは、その対話の方向性は、「自己の考えを広げ深める」というまさに内省主義的な傾向を帯びるものになるのです。これらのことから明白なように、ここに書かれている「対話」とは、前述した説明からわかるようなモノローグ的な対話となります（後にまた触れますが、国民にディアローグ的な対話を積み重ねる経験をされ、国家主体化ルールの外に出られてしまうと国家としては困るわけです）。

では次に、人間が人間として、すなわち、自然の一部として生かされているという自覚のもと個々の人々が本性的に持っているはずの主体、本書では、国家的な主体に対して、「本性的な主体」とでも表現しましょう。この本性的な主体とは、人間が生きるためにそもそも持っている自身の存在を肯定すること（自然によって存在が肯定されていること）を前提とした意識だと思います。人間が生きているいじょうは、必ず皆が持つ生を継続するための本能的な主体であると言えるでしょう。

この「本性的な主体」と前述した「国家的な主体」とは、どのような関係になっているのでしょうか。そのことを検討するには、この各主体と「自由」との関係を整理する必要があると思います。「自由」と言ったとき、近現代の世界における「自由」は、主体と同様に、大きく分け2つの自由に分けることができると思います。1つの「自由」は、人間の存在、言い換えれば生命を維持するために保証されるべき「自由」、そしてもう1つの「自由」は、法などによって保証された「自由」です。

前者の自由は、よく知られているように、そもそも全ての人間が持つと言われる人権の基礎である自由権と呼ばれるものです。そして、後者の自由は、近代国民国家（民主主義国家）において憲法などにある基本的人権や生存権によって保障された自由ということになります。おそらく、前者の自由は、「本性的な主体」を承認するための自由で、後者の自由は、「国家的な主体」の正統性を担保するための自由であると思います。このような2つの「自由」の存在から見えてくることは、元々、本性的な主体を維持していくための国家主体であり、その主体によって守るべき「自由」であったことが薄ぼんやりと見えてきます。つまり、当初、市民が主権者意識に目覚め、近代の国民国家を設立し、その国家を維持発展するために民主主義というシステムを採用した頃、その国家は、国民のための国家であったはずですから、「本性的な主体」と「国家的な主体」は同じものとして一致をしていたはずです。まさに、その主体意識とは、自然の中で生かされ続けることこそが、自身の存在意義であることを自覚するものであったはずです。同じ意識であったはずの2つの主体が、乖離というか分裂をするようになった契機と理由はいつで何なのでしょうか。

まずその契機とは、実質、国家が「国民の国家」から「国家の国民」へと変質した時だと思います。自由と平等をめざし、近代民主主義のもと資本主義的な発展を推進していた頃の多くの国家は、2つの主体意識は一致をしていたことでしょう。それが、さらなる資本主義的な発展を目論み、国家の目的が貨幣を獲得することが第一となってしまった頃、同時に、その目的達成を有利に進めたいがために使い勝手のよい道具として民主主義を変質させた頃から、「本性的な主体」と「国家的な主体」の違いが大きくなったと考えられます。このことを日本に当てはめて言うとすれば、ただ、日本の場合、他の近代国民国家と違い、民衆と言いますか市民が、独裁的な統治者から自身の主権を闘って取り戻すという経験をしていなかったり（戦争によって、市民によるそうした近代的意識の芽生えは摘まれてしまったかもしれません）、いつも与えられる主体という経験が強いため、自分たちを取り巻く主体の変化に対して意識的ではないかもしれませんが、戦後の日本においては実質変化をしてしまったのが、国家的な教育の目的が資本主義的国家の発展（貨幣を獲得することを第一の目的とする）を担う人材の育成へと変質した頃からであると思われます。この時から、多くの国民は、近代民主主義的な国家に変わったはずだったにもかかわらず国家のための国民となるべく主体を刷り込まれるようになったのです。

　こうした視点から生きづらさということを考えてみると、確かに、本性的な主体が中心であった頃の世界は、自然の厳しさと共存しなくていけないという生きづらさがあり、その辛さを軽減するための国民国家設立であったわけなのですが、現在の日本に充満しているような生きづらさは、そうした生きづらさとは違うものであることがよくわかります。本性的な主体意識による生きづらさは、自然から存在を肯定（承認）された意味の生きづらさとなり、それはむしろ生きるための原動力となるものです。それに対して、変質してしまった国家的な主体意識の押しつけによる生きづらさは、変容してしまった国家的価値観に適応させられることへの生きづらさであり、自身の存在の否定に繋がるものであると言えるでしょう。

現在、私たちを含め、子ども・若者が追い込められている生きづらさの根源について、「主体と自由」という観点から考えてみました。それでは最後に、このような背景を念頭にし、今一度、子ども・若者の居場所の機能や役割、そして、私たちはどうしていくべきなのか等を、今回の講座の学びの成果をふまえ、まとめていきたいと思います。

子ども・若者の居場所の機能と役割、そして、私たちは何をすべきなのか

居場所が持つ機能とは、「子ども・若者の存在、そのものを肯定する場」「ディアローグ的な対話を保証する場」でした。これらの機能を維持することが、現在の居場所にとってたいへん大事なことであるのが、ここまでの主張でよく理解していただけたと思います。重複しますが、そこで最後に、今一度この機能が稼働する姿のイメージを具体的な場面を想定しながら確認しておきたいと思います。

その現場は、学校内居場所カフェとしましょう。今、学校という場所が、ある意味で健全な精神を持つ子ども・若者からしたら、とても行きづらい場所になっているということは想像に難くありません。現社会に適応させることで、子ども・若者自身の存在自体を否定してしまうような場所となっているからです。それでも、多くの子ども・若者は、学校によって刷り込まれるであろう価値観の正統性を信じ、本性から生起してくるであろう本性的な主体と折り合いをつけつつ日々学校へと通っているると思います。ギリギリの精神状態において通う学校に、あるとき学校内居場所カフェができたとします。もしその居場所が、正統的な居場所機能を発揮している場所だとしたら、当然、子ども・若者

は、その居場所に立ち寄ることで、ディアローグ的な対話をし、自身の存在の意義を取り戻し、紛らされてしまっていた本性的な主体を取り戻すことになるでしょう。

おそらくこうした居場所に参加をしている支援者たちは、一生懸命かつまじめに居場所を運営するでしょう。結果として、内省主義的な傾向を持つ学校内では成立しづらいディアローグ的な対話が子ども・若者の間に積み重なり、当然、そうした対話の中心では、〈教える－学ぶ〉関係が定着し、真の学びが保証される場所となっていくでしょう。このような環境は、失わされてしまった本性的な主体（存在の肯定）を支援者自身も取り戻すことになると思います。さらに支援者が真摯に居場所の運営に関われば関わるほど、こうした居場所が持つ機能はより一層強化されていくと思います。

また、子ども・若者にとって、自分たちの存在を肯定してくれ、真の学びが保証され、本性的な主体を取り戻すことができ、自分たちの持つ違和感を共有してくれ、いたずらに適応の場への復帰を促さないようなスタッフがいる居場所は、子ども・若者にとって、なくてはならない大事な場となるでしょう。

少々考えなくてはいけないことは、ここからです。そんな場が校内にできたら、自然な流れとして、学校に来た子ども・若者の多くが教室に行くのではなく居場所へ行くという事態になるのではないでしょうか。学校内に脱学校の領域ができるのです。居場所が、児童館や学童保育のようにそもそも学校外の領域にあるのであれば、混乱を招くことはないと思いますが（現在、地域社会の学校化が著しく進んでいることから考えれば、地域内にあり機能している居場所も同様に体制内居場所になっている可能性も否定できない)。学校内の居場所が、学校と共存し維持できるのであれば、教育の脱構築運動の場として機能することとなり、１つの社会変革の契機となる可能性も出てくると思います。

しかし、現実には相当の困難さが伴うと思います。学校内の居場所が学校的な機能を補完するような立場にあるときはまだしも、子ども・若者の流れが居場所中心となり、なおかつ学校的な価値観に対して批判的な意志が育つような場となったとき、学校ならびに教員や運営のための経費を負担している行政などは、どのような態度に出てくるでしょうか……。もし、子ども・若者の居場所を作り運営し続けていくことを、社会変革を促す１つの運動として捉えるのだとしたら、学校や学校化された社会との関係性についてもきちんと考える必要性が出てくると思います。逆説的ですが、このことは今後居場所を運営するとき、これまで明らかにしてきた居場所の機能に新たに加える必要がある点なのではないかと考えます。つまり、社会変革（国家の目的が変質してしまった結果、紛れてしまった自然の主体を再び可視化させる／価値観の転倒）を促すという価値観変革運動の拠点という機能です。

では最後に、子ども・若者の居場所が守っていくべき意識や中心となる方法と、そこで行われる支援というものがあるのだとしたらどうあるべきかということを記し、本書を終わりにしたいと思います。まず、大事にしなくてはいけない意識や方法は、羅列的に書くと、「子ども・若者の存在、そのものを肯定すること」「対話、特にディアローグ的な対話の積み重ねを保証すること」「対話などから生起する真の学びを大事にすること」「教育をする場ではなく、内発的な意識である『学び』を引き出す場に徹すること」「社会変革運動（代補の運動）の一翼を担っているのを自覚すること」「価値観が転倒してしまっている学校や社会に安易に適応・復帰を促すような場にはならないこと」等、以上。

そして、子ども・若者の居場所において支援というものがあるのだとしたら、その支援の本質とは、「支援者自身が変わることである」と重ねて強調しておこうと思います。

2冊目となった子ども・若者関係の本、今回も多くの方々のご助力により形にすることが叶いました。関係各位の皆様には、書面を借り心から感謝申し上げます。

石井 淳一（いしい・じゅんいち）1963年生まれ
ことぶき青少年広場
著書に『良くしようとするのはやめた方がよい』（編著、寿青年連絡会議精算事業団、1992年）、『子どもとゆく』（共著、コモンズ、2004年）、『居場所づくりの原動力——子ども・若者と生きる、つくる、考える』（共著、松籟社、2011年）、ブログ「屋上で自然農（指向）http://blogs.yahoo.co.jp/mamemameno など。

柳下 換（やぎした・かん）★ 1957年生まれ
鎌倉・風の学園学園長/横浜市立大学非常勤講師
著書に『脱国家教育』（ふきのとう書房、2001年）、『沖縄の平和学習とオルタナティブ教育——沖縄における同化と交流のゆらぎ』（明石書店、2006年）、『沖縄超暴力思想がつくるオルタナティブ教育——琉球悲劇の根源』（明石書店、2008年）、『居場所づくりの原動力——子ども・若者と生きる、つくる、考える』（共編著、松籟社、2011年）、『沖縄平和学習論——教えることを手がかりにして』（榕樹書林、2014年）など。

高橋 寛人（たかはし・ひろと）★ 1957年生まれ
横浜市立大学国際教養学部教授
著書に『戦後教育改革と指導主事制度』（風間書房、1995年）、『占領期教育指導者講習基本資料集成』全3巻（編著、すずさわ書店、1999年）、『公設民営大学設立事情』（編著、東信堂、2004年）、『20世紀日本の公立大学』（日本図書センター、2009年）、『居場所づくりの原動力——子ども・若者と生きる、つくる、考える』（共編著、松籟社、2011年）、『危機に立つ教育委員会』（クロスカルチャー出版、2013年）、『教育公務員特例法制定過程の研究』（春風社、2019年）など。

【執筆者紹介】★は編著者

鈴木 健（すずき・けん）1974年生まれ
川崎市ふれあい館副館長
父は日本人、母は朝鮮半島出身。10代の頃に在日フィリピン人と出会い、それ以来、在日外国人のコミュニティづくりや支援に携わる。現在、川崎市ふれあい館でこども食堂、中学生の学習支援、高校内居場所カフェなどこども・若者の居場所づくり事業に取り組む。

尾崎万里奈（おざき・まりな）1985年生まれ
公益財団法人よこはまユース
若者支援NPOスタッフ、学習塾講師を経て、2012年によこはまユース入職。青少年施設での居場所づくりや地域の活動支援に関わり、2016年から高校内居場所カフェ「ようこそカフェ」（横浜市立横浜総合高校）の立ち上げと運営を担当。著書に『学校に居場所カフェをつくろう！――生きづらさを抱える高校生への寄り添い型支援』（共著、明石書店、2019年）。よこはまユースHP：http://yokohama-youth.jp/

西野 博之（にしの・ひろゆき）1960年生まれ
認定NPO法人フリースペースたまりば理事長/川崎市子ども夢パーク所長
1986年より不登校の子どもたちの居場所づくりに関わり、91年、川崎市高津区に「フリースペースたまりば」を開設。以来、ひきこもりなど生きづらさを抱えた若者たち、さまざまな「障がい」を持つ人たちとも出会い、ともに地域で育ちあう場を続けてきた。2003年にオープンした川崎市子ども夢パーク内に、学校外で学び・育つ公設民営型の「フリースペースえん」を開設。その代表を務める。
著書に『居場所のちから』（教育史料出版会、2006年）、『7歳までのお守りBOOK 』『10歳からの見守りBOOK』（ジャパンマシニスト社、2015年）、共著に『居場所づくりの原動力』（松籟社、2011年）、『居場所とスクールソーシャルワーク』（子どもの風出版会、2018年）など。

居場所づくりにいま必要なこと
――子ども・若者の生きづらさに寄りそう

2019年 9月20日　初版第1刷発行
2021年 3月10日　初版第2刷発行

編著者　柳下　換
　　　　高橋寛人
発行者　大江道雅
発行所　株式会社 明石書店

〒101-0021 東京都千代田区外神田 6-9-5
電話　03（5818）1171
FAX　03（5818）1174
振替　00100-7-24505
http://www.akashi.co.jp

組版　朝日メディアインターナショナル株式会社
装幀　明石書店デザイン室
印刷／製本　日経印刷株式会社

（定価はカバーに表示してあります）　ISBN978-4-7503-4897-1

子ども食堂をつくろう！ 人がつながる地域の居場所づくり
NPO法人豊島子どもWAKUWAKUネットワーク編著 ◎1400円

子どもの貧困と教育の無償化 学校現場の実態と財源問題
中村文夫著 ◎2700円

子どもの貧困と公教育 義務教育無償化・教育機会の平等に向けて
中村文夫著 ◎2800円

子どもの貧困対策と教育支援 より良い政策・連携・協働のために
末冨芳編著 ◎2600円

子どもの貧困と教育機会の不平等 就学援助・学校給食・母子家庭をめぐって
鳫咲子著 ◎1800円

子どもの貧困対策としての学習支援によるケアとレジリエンス
理論・政策・実証分析から
松村智史著 ◎3500円

子どもの貧困と地域の連携・協働 〈学校とのつながり〉から考える支援
吉住隆弘、川口洋誉、鈴木晶子編著 ◎2700円

子どもの貧困調査 子どもの生活に関する実態調査から見えてきたもの
山野則子編著 ◎2800円

社会的困難を生きる若者と学習支援
リテラシーを育む基礎教育の保障に向けて
岩槻知也編著 ◎2800円

子づれシングルと子どもたち
ひとり親家族で育つ子どもたちの生活実態
神原文子著 ◎2500円

シングル女性の貧困 非正規職女性の仕事・暮らしと社会的支援
小杉礼子、鈴木晶子、野依智子、
横浜市男女共同参画推進協会編著 ◎2500円

子どもの貧困 子ども時代のしあわせ平等のために
浅井春夫、松本伊智朗、湯澤直美編 ◎2300円

子どもの貧困白書
子どもの貧困白書編集委員会編 ◎2800円

子ども虐待と貧困 「忘れられた子ども」のいない社会をめざして
松本伊智朗編著
清水克之、佐藤拓代、峯本耕治、村井美紀、山野良一著 ◎1900円

二極化する若者と自立支援 「若者問題」への接近
宮本みち子、小杉礼子編著 ◎1800円

フードバンク 世界と日本の困窮者支援と食品ロス対策
佐藤順子編著 ◎2500円

〈価格は本体価格です〉